JN029983

いつも結果を出している人の、

仕事と勉強を両立させる

時間術

じかんじゅつ

さとうたかゆき

佐藤孝幸

TAKAYUKI SATO

BALANCING WORK AND STUDY

CROSSMEDIA PUBLISHING

HOW TO USE YOUR TIME

はじめに

私は現在弁護士として仕事をしていますが、これまで米国公認会計士、司法試験、公認内部監査人、公認金融監査人など、いくつかの資格を取得してきました。

別に資格マニアというわけではなく、いずれも仕事の延長線上として、取得すれば仕事の幅が広がるだろうと判断してのことです。

そんなこともあり、資格試験を受ける人たちから相談を受けることがありますが、相談内容で一番多いのは「仕事をしながら勉強時間を確保するにはどうすればよいか?」ということです。

そこで、本書では仕事のムダを省き、結果に結びつく効果的な勉強法で、今までと同じ時間に倍の価値を与える方法をお教えします。

私が現在有している資格は、すべて働きながら勉強をして取得したものです。

本書を出版するにあたり、私自身の体験や私同様働きながら資格試験に合格した元同僚を観察するなどして、徹底的に効率を上げるための最大のポイントは何かを考えてみました。

そしてたどり着いた結論は、「身の回りのムダをできるだけ減らし、シンプルにしていく」というものでした。ノートを取ったり、語呂で暗記したり、あるいは整理術・スケジュール管理、流行りのツールを活用したり……。要領が悪いのは、これらをうまく活用できないからではありません。ノートや手帳などのツールが果たすのは、あくまでも効率化の補助的役割です。

本書は、そうした小手先のスキルや楽をする方法の一種のアンチテーゼともなっています。

本当に効率化をしたいのなら、本来改善すべきは日々の仕事や勉強に費やす「時間」に対するコスト意識です。目に見える部分ではなく、もっと本質的な部分で役立つ、実践すれば誰でもかけた労力がそのまま報われる時間の使い方をご紹介していきます。

そして、本書で述べるポイントをおさえて行動するだけで、目標までにかかる時間を最短にすることができるでしょう。

明日すぐに効果があらわれるということはないかもしれませんが、やればやるほど、心がければ心がけるほど、確実に変わっていくことは請け合いです。

ところで、一口に勉強と言っても動機や目的はさまざまでしょう。私のように資格取得を目指すのか、語学を習得したいのか、起業のためなのか。また、ある程度勉強をしている人なのか、これからはじめる人なのかによって必要なことは変わってきます。

そこで本書では、大きく5つの章に分け、時間の使い方、考え方について説明していきます。

ただ、これらはあくまで私が実践してきた方法なので、自分に合うと思えば採用してもらい、自分には合わないと思うのであれば参考程度にしていただければと思います。

重要なのは本書の内容を受け、自ら考え判断し、どう結果に結びつけるかだと私は考えています。今本書を手にしている方の中には、明日どうなるかわからないという現代社会に、漠然とした不安を抱えている方も多いのではないでしょうか。

本文で詳しくお話ししますが、実は私が勉強をはじめた直接的なきっかけも「不安」でした。

ただ、働きながら試験勉強をしてきて思うのは、勉強をすればしただけ身になっていき、それは決してムダにはならないということです。

しかしそれも、やり方を間違えたまま勉強を続けるのでは結果を出す前に挫折してしまいます。費やした時間、労力、お金、それらすべてを結果に繋げるため、本書から、ぜひそのエッセンスだけでも吸収していただければと思います。

佐藤孝幸

Chapter 2

残業が減り、定時に帰る仕事のやり方

Chapter 3

時間をムダにしない勉強のはじめ方

Chapter 4

「流行り」や「常識」を疑え

Chapter 5 伸び悩みを解消する時間の使い方

ブックデザイン：金澤浩二
イラスト：芦野公平
校正：加藤義廣
DTP：株式会社RUHIA

Chapter 1

やる気と集中力を高める時間の捉え方

1

HOW TO USE YOUR TIME

欲と危機感を抱け

時はさかのぼり、私が大学生だった頃の話です。

1980年代末、バブルの全盛期でした。空前の〝超売り手市場〟の中、ある外資系の銀行に就職しました。

もともと外資系に就職してバリバリ働きたかった、ということではありません。人付き合いがわずらわしくなく、かつ転勤の可能性もないということで選んだ会社です。

というのも、私は社会人として2年くらい働いたら大学院で勉強をするつもりでした。資格を取ることなど夢にも思わず、「とりあえず仕事には困らないだろうし、好きなことをやろう」。それくらいの感覚で社会人になってしまったのです。

ですが当然、現実はそんな甘いものではありませんでした。

私のいた会社では、新人だからといって何を教えてくれるということはありませんでした。

わからないことは許されず、完全に放置されます。簿記などの必要な知識は自分で身につける必要があったのです。

ただ、そんなのは序の口。

きついとは言え、まだまだ気持ち的には「何とかなる」という状態でした。私の人生観を変える決定的な出来事は、入社2年目に待っていました。

バブルの崩壊です。

先輩社員たちが次々とリストラされていく様を見ました。

幸い年次が低く、先輩社員に比べて給料の少ない私がすぐターゲットになるということはありませんでした。

ただ、その様子はかなりの恐怖と危機感を私にもたらしました。転職をしようか、リストラされたらこの先どうなってしまうのだろう……。さすがに焦りました。

しかしそんな中、よく面倒を見てくれていた経理部長だけは涼しい顔をしていました。マイペースに仕事をこなし、常に余裕なのです。

もちろん、それには理由があります。

外資系企業とは、外国の企業のことです。つまり、本国で培ってきた商売の習慣やルールがあります。

ですが、本拠地が外国にあるといえども、商売する場所は日本なのです。すなわち、そこには日本独自の法律やルールがあるわけで、どんな企業もそれを無視することはできません。

外資系の経理部とは、まさにその点を指摘できる部署なのでした。「日本の法律はこうなので、それはできません」。そう言ってしまえば、たとえトップが外国の人であれ、意見のしようがありません。

彼はそんな経理部署のトップであり、さらに税理士の資格も持っていたのです。

「この人は磐石だ」と私は思いました。

社内でも十分に価値が認められているし、そのうえ税理士という資格があるので、他の会社でも重宝されます。

私の価値観、考え方はそのときに変わりました。将来世界がどうなっても大丈夫なように資格を取らないといけない。

それも難易度の高い、普通の人は持っていないような資格を取ろう。そんな欲が私を駆り立てました。

そんな折、電車の中の広告でふと見つけたのが「米国公認会計士」という資格でした。

あまり聞きなれない資格だと思いますが、米国公認会計士とは、ＵＳＣＰＡと呼ばれ、文字どおりアメリカで公認会計士として働くための資格です。

私もはじめて聞いた資格でしたが、調べてみると試験は私の得意な4択のマークシート式。また、面接もないのでずば抜けた英語力は必要なく、大学入試レベルでＯＫ。

さらに、日本の公認会計士のように合格者を上から成績順に取るというのではなく、一定の点数に達すれば誰でも取得できるということがわかりました。

ちょうど会計の知識を身につけたいと思っていた私は、「これだ！」と資格の取得に全力を注ぐことを決意しました。

就職2年目、11月のことでした。

本番の試験はその翌年の11月、期間はちょうど1年です。私は過去類を見ないくらいのパフォーマンスを発揮して勉強したと思います。

そして次の年、結果的に私はＵＳＣＰＡの試験に合格することになります。

働きながら、しかもタイムリミットもあったので、「いかに効率よく勉強するか」を重点的に考え、試験に挑みました。

その後、資格の取得には会計事務所での実務経験が必須だったので、私はアメリカへ渡り、公認会計士事務所で働くことになったのです。

と、ここまでが私の20代前半のお話です。何も、「すごいだろう」と自慢したいのではありません。

そんなことはどうでもいいことで、言いたいのは、結局やる気や集中力を自分の意思でコントロールするなどほとんど不可能だということです。

私がそうだったように、結果を生み出すのは「効率」です。そして、効率を支えるのは、「やる気」と「集中力」です。

ただ、やる気や集中力は小手先のテクニックなどでは生み出すことはできません。

やる気と集中力は、「欲」と「危機感」から生まれるものなのです。

「このままだとヤバイぞ」という「危機感」が必然的にやる気を呼び、有無を言わせず集中させるのです。

同じように、「あれがほしい」、「これがしたい」という「欲」がやる気と集中力を発揮させるのです。

おそらくあなたも、仕事や受験勉強で追い込まれたときは、自分でも驚くほどのパフォーマンスを発揮したことがあるのではないでしょうか。

明日提出しないといけない書類、レポートなら必死にやります。人間、やらなきゃ仕方ないものはやるのです。

つまり、欲や危機感をいかにして作り出すか、自分をそういう環境に置けるか、それがポイントになります。

詳しくは、このあと私の実体験を踏まえながらお話ししていきますが、まずは本書のガイダンスとして、「欲」と「危機感」というキーワードをおさえておいてください。

POINT

① 結果を出すには、まず効率を上げなければならない。

② 効率はやる気と集中力によって支えられている。

③ そのやる気と集中力は、欲と危機感から生まれる。

CHECK

- □ 必死にやるという感覚を忘れていないか
- □ 危機感を欠いていないか
- □ 欲を失っていないか

2

HOW TO USE YOUR TIME

時間は金より何倍もケチって使え

では、人はどうすれば欲と危機感を抱けるようになるのでしょうか。そのキーになる要素は、「時間」だと考えています。

時間は誰にでも平等です。世界に時間で計れないものはありません。

私の1日のスケジュールも、これまでの人生も、これからの人生も、すべて時間で計ることができます。

たとえば、私は朝ごはんを10分で済ませます。家から会社までは30分です。メールは10秒で返します。弁護士の仕事をあと10年続けるつもりです。といったように、分単位であれ、年単位であれ、時間はあらゆる物事のバロメーターになります。

誰かの1分も私の1分も同じ。でも、使い方が違う。それだけの話です。だからこそ、意識すべきは時間の使い方になります。

このことを特に考えさせられたのは、USCPAの試験にパスしたあと、アメリカの公認会計士事務所で働きはじめてからのことです。

数年でしたが、外資系で働いていた私は、ある程度アメリカのスピードにもついて行けるだろうと高をくくっていました。しかし、現実は想像以上。日本での経験はまったく役に立たなかったと言っていいほど、仕事の量と質が重視されました。

特に私のような新人の場合、黙っていても上司は決して仕事をくれません。私の能力がどの程度なのかわからないからです。

そのため、自分の能力をアピールし、「仕事をふってください」と社内営業する必要があります。自分から仕事をもらいにいかなければ、結果どころか、そもそも仕事にありつくことさえできないのです。

そして、仕事ができるかどうかの判断基準は、仕事が速いかどうか。

一定以上のクオリティーはキープしたまま、とにかく回転率を上げなければ「仕事のできないやつ」と判断されます。そうなると、もう二度と仕事はもらえません。

しかも、成果が出るまで1年も2年も待ってくれるような悠長な上司はおらず、自分の給料の3倍くらいは結果を出さないと、すぐにクビです。そのため、私は時間をそれまで以上に意識し、働くようにしました。それこそ危機感です。

ですが、危機感の中で仕事をしていたおかげで、何とかクビにされることなく済みました。事務所にいたのは約2年間でしたが、やる気と集中力を磨くには、時間が大きなポイントになると確信した職場でした。

使い古された言い方ですが、時間は買えません。

昔から「時は金なり」と言いますが、お金は結局、自分が時間を何にどう使ったか、その結果なのです。その意味で、時間はお金以上に価値のあるものだと私は思います。

まずはそのことを身をもって〝実感〟しましょう。

お金の使い方、お金の本質を知らないと投資ができないように、時間の使い方がわかっていなければ自己投資で結果を出すことなどできません。

Lesson Of The Episode

POINT

1. 時間はお金よりも貴重なもの。

2. 時間を節約しないことには自分への投資もムダになる。

3. 「時間をケチる」という意識を常に持つ。

CHECK

- ☐ 「あと5分……」と二度寝をしていないか
- ☐ 終電を「つい」逃すのが習慣化していないか

3

HOW TO USE YOUR TIME

目標達成したいなら短期で全力をかける

私は現在もコンスタントに資格取得を目指して勉強しているのですが、資格を取ろうと思ったときは、必ず「2年以内で取得する」と決めています。

ある目標に向かって取り組んでいくには、それくらいが限界だと思うからです。モチベーションや集中力はそんなに続くものではありません。

経験上、資格勉強の場合、限界は2年なのです。それを過ぎると当初のやる気も失せ、勉強も単なるルーティンワークになりがちです。

「目標を達成してやる」という気持ちを最大限活かすには、短期決戦に限ります。

アメリカの公認会計士事務所で働いていたときのことになりますが、私はどうにもアメリカの環境で働き続けるというのは厳しいなぁと思いはじめていました。

というのも、私の取得していた「専門職ビザ」の期限は3年です。1回は更新できますが、それでも最長6年。あとは永住権を獲得しなくてはならず、できなければ帰国して日本での働き口を探さなければなりません。うっすらと帰国後のキャリアについて考えていた頃のこと。ある折、私は法律に興味を持つようになったのです。

当時の業務はアメリカに進出してくる日本企業を対象にした税務コンサルティングだったので、どうしても税法に触れる機会が多くなりました。

また、その関係で事務所の研修としてロー・スクールにも通っていて、そこでは税法に関するさまざまな判例が取り上げられていました。この講義が非常に面白かったということもあり、新たな欲がわいたのです。それは、「法律をもっと勉強したい」というものでした。

また同時に、帰国後のことを考えると「何としても法律の知識を身につけなければ」という危機感もありました。

司法試験を受けて、弁護士として働くのはどうだろうと思いはじめたわけです。その際も、期限はやはり2年。97年のはじめから、98年の末くらいまでの2年間で取得を目指しました。会計士事務所で働きながら勉強を続け、ビザがちょうど切れるタイミングで会社を辞め、転職活動をしながらの勉強。

結果的にはこれがうまくいき、今も続けている弁護士としてのキャリアがスタートしたわけです。その間の具体的なスケジュール管理、手法についてはのちほど見ていきますが、まずは「○年間、○ヶ月、○週間でやる」という目標を立てたら、そのために全力を尽くすことです。

全力というのは、本業の手を抜いて勉強に力を注ぐということではありません。ムダな時間を一切なくして、残業をしないように業務をこなし、勉強をする。どこかの手を抜くよりも、どちらも全力でやる方がかえって効率がよくなり、いい循環を生みます。

そして、目標設定はあくまでも短期間で。だらだらと続けていてもまったく意味がありません。目標を達成するときは、太く短くでいきましょう。

Lesson Of The Episode

POINT

① 人のやる気はそんなに続くものではない。

② 時間を限った中で一生懸命にやるから「時間を効率的に使おう」という意識が生まれ、吸収力も高くなる。

③ やるなら、太く、短く。

CHECK

- ☐「いつかできればいい」と考えていないか
- ☐ 惰性でこなしている仕事や勉強はないか

4

HOW TO USE YOUR TIME

行列に並ぶな

時間を効率的に使いたい。仕事と勉強を両立したい。そんなときまず見直さないといけないのは生活習慣です。中でも、私が「ムダだと思うことは行列に並ぶこと」です。新商品が待ちきれなくて買うというのはもはや趣味の領域なので何も言うことはありませんが、効率を上げたいと考えるのならそうした行列に並ぼうとは思わないことです。行列を見ると「何かあるような気がする」「人気なのだろう」という心理が働くのでしょうが、いったい〝何〟があるのでしょうか。人が良いと言っているものは、本当に自分にとって良いものなのでしょうか?

横浜の中華街に行くとよくわかりますが、中華街には肉まんを売っているお店が相当数あります。そして不思議なことに、行く度に行列のできているお店が変わります。

要は、たまたま2～3人並んでいたお店に人がどんどん集まり、「人がいるから間違いないだろう」という具合に、行列が行列を呼んでいくのです。別のお店に行列ができていれば、そちらに並ぶでしょう。

つまり、本来ならそのお店でなくたってよかったわけです。

効率を高めたいのなら、そうした目的意識のない行動を取ってはいけません。

行列に並んでいる時間、その瞬間は大したものではないかもしれませんが、行列に並ぶという習慣は今後もずっと続くでしょう。「無料」、「限定」、「有名」、「人気」いろいろな誘い文句があるかと思いますが、ことあるごとに時間を擦り減らしていくかもしれません。

もちろん、行列に並ぶというのは一例に過ぎません。

「得をしたい」、「損をしたくない」というのは人としてあたりまえの心理ですが、もっとよく考えて、「本当に得なのか?」という冷静な視点も必要だと思います。

得するために取った行動が、実は大きな損になっている……というのはよくあることなのです。

その行列、本当に並ぶ意味ある？

POINT

① 今までの生活習慣に疑問を持つ。
なぜそうするのか？
しなければいけないのか？
本当に間違いないのか？

② 何も考えずに時間を浪費すると、
浪費した時間以上の損を被る。

CHECK

- ☐ 必要のない「限定品」を買っていないか
- ☐ 「有名だから」と食事するお店を選ぶことはないか

5

HOW TO USE YOUR TIME

「時間があればできる」なんて思うな

資格勉強をしている人の相談を受けていると、「仕事を辞めて勉強をしようと思う」と言う人がたまにいますが、あまりおすすめできません。

前述のとおり、私はアメリカの公認会計士事務所を辞め、日本に戻りました。ビザがちょうど切れたというのが直接的な要因です。

ただ、もしそういう状況でなければ試験直前まで働いていたと思います。日本の企業で働いていたら確実に仕事を続けていたでしょう。実際、日本に戻って司法試験の勉強をしているときは勉強と同時に転職活動もしていました。理由は漠然とした不安感、特に金銭面への不安からです。

司法試験本番までの間、貯金残高はみるみる減っていきます。安住とまではいかないまでも、とりあえず安定的な収入をもらうことのできる仕事を辞め、司法試験に挑戦。失敗すれば、それまでの時間も努力も水の泡になります。辞めた会社に出戻りできればいいのでしょうが、そんなわけにはいきません。その意味での保険としての転職活動でした。転職活動自体は、ＵＳＣＰＡという資格とアメリカで働いていたということもあって数社から声をかけていただくことができました。

結果的にはそれらの会社で働くことはありませんでしたが、「行き先がある」という安心感のおかげで、一層試験勉強に集中できたとも思っています。

仕事を辞め、背水の陣で勉強に向かうことで危機感があおられ、モチベーションも上がる。

たしかにそういう面はあるでしょう。しかしそもそもの話、そこまでのリスクを負う必要が果たしてあるのでしょうか？　何よりも、「時間があれば勉強ができる」「結果が出せる」なんていう考え方自体がナンセンスな気がします。

時間があればできるというのは、逆に言えば「時間がないから勉強できない」「時間がないから集中できない」という言い訳の気持ちがどこかにあるからではないでしょうか？

究極をいえば、仕事をしながらでも合格する人は合格するでしょうし、できない人はできないのです。

それはやり方や時間の使い方の問題であり、時間に対する考え方の違いだと思います。今成果の出ていない多くの人は、たとえいくら時間を得たとしても、あればあるだけムダな使い方をしてしまうはずです。

総量が増えたとしても、本質的な時間の使い方はほとんど変わりません。余裕が生まれれば生まれるほど、その分効率は落ちていくものなのです。だからこそ、短期集中。与えられた条件の中でいかにパフォーマンスを発揮するかを考えなければいけません。それを追求する前から「時間があれば……」と嘆くようでは、できることもできなくなってしまいます。

勉強をやりはじめようと思っている人なら、まずは30分を1ヶ月続ける。

勉強を続けていてスランプ気味の人なら、やり方を見直し、徹底的に変えてみる。

ここからスタートしましょう。

Lesson Of The Episode

POINT

① 時間がなくたって、できることはできる。

② 時間に責任転嫁せず、現状でやるべきことを考える。

③ 物事を続けていく方法も、結果を出す方法も、根本的な時間の使い方を見直さないことには実践すらできない。

CHECK

- □ 5分遅刻、その理由を他人のせいにしていないか
- □「どうせ〜だから」という思考パターンに陥っていないか

6

HOW TO USE YOUR TIME

「何のために」「いつまでに」を明確にしろ

現在、仕事や勉強で達成したい目標があるとき、それを達成するためには、今一度「何のためにしているのか?」という目的を明確にしてください。将来独立をするため、転職のため、保険として、あるいは昇給や昇進、話のネタ、いろいろあると思います。

目標自体はどんなものでも構いません。それは人それぞれ自由でしょう。

しかし、そもそものベースである「何のため」を忘れてしまった人に目標を達成することなどできるはずがありません。

「この人は資格を取って何がしたいのだろうか……」私の経験上、そういう方は決して少なくありません。

また、明確な目的を決めるのと同様に必要なのは「いつまでに」という期限を定めることです。

たとえば世間には30歳を越えてなお、フリーターをしながらロッカーを目指している人がいるそうです。

そういう人は、何のために音楽を続けているのでしょうか。

「こうなりたい」と思っているだけでは、決して叶うことのない夢です。夢を目標に落とし込み、現実に近づけるには期限を設けなくてはいけません。

いつまでにどれくらいの結果を出すという目安がないと、引っ込みがつかなくなってしまうのです。

本気でバンド活動をするのなら、「メジャーデビューする」という目標だけではなく、「25歳までにメジャーデビューする。できなければ完全にやめる」というような期限を設けるべきでしょう。

さもなくば、やる気も集中力も失ったまま、あと戻りのできないところまでずるずるいってしまいます。

「何のために」「いつまで」「何をやる」と決めたら、それぞれを紙に書き、トイレにでも貼っておきましょう。そして、その期限を過ぎてダメなものはスッパリあきらめる。

そして、結果はどうあれ「やるだけやった」というレベルまでたどりつけるようにしましょう。

POINT

① ことを成し遂げたいなら、目的と期限を明確にする。
・何のためにやっているのか
・いつまでにやるのか
この2つが目標を達成するためのコンパスになる。

② コンパスがなければ、遭難してしまう。

CHECK

- □ 何のためにやっているのか見失っていることはないか
- □ 無計画に見切り発車していることはないか

Chapter 2

残業が減り、定時に帰る仕事のやり方

7

HOW TO USE YOUR TIME

時間を区切る

この章からは少し具体的な話をしていきましょう。

効率化を考えたとき、時間の使い方で一番大切なのは「時間を区切る」ということです。

たとえばメールの返信、報告書の作成、資料の整理、お客さんや取引先との打ち合わせなどなど、1日に10個の仕事があったとします。効率の悪い人は、時間を適当に使います。〝あてずっぽうで投げやり〟という、悪い意味での適当です。

メール1通の返信に10分も15分もかけ、用もないのにウェブでニュースを見て、「まだ大丈夫か」と余裕を見せているといつの間にか時間が経つ。

「ヤバい出なきゃ」と打ち合わせに慌てて向かい資料を忘れたことに気づき散々。

会社に戻り、書類の作成をするも、思っていたよりも調べることがたくさんあり、結局今日も帰りは22時。……と、これに近いような体験は誰にでもあると思います。

ぼんやりとした目標タイムを定めてはいるものの、「そこまでに必ずやろう」という意識がないので、だいたい〝なぁなぁ〟に済ませてしまいます。そのため退社時間が遅くなり、家でやりたい勉強をしたり本を読んだりということができなくなってしまいます。

一方、効率のいい人はその辺にシビアです。

とにかく時間を区切ります。たとえば、「このメールは20秒で返そう」「報告書は1時間で作ろう」と思ったら、それは目安ではなく、確実に達成すべきノルマなのです。

だから、遅れは許しません。余計なことを考える隙を与えず、「とにかくやってしまおう」と考えます。

「この時間で必ずやり切らなければならない」。大事なのはこの意識です。

結局、効率的に仕事ができるかどうかの最大のポイントは、この意識をきちんと持っているかどうかということに尽きると思います。

試しにストップウォッチで各作業にかかる時間を測ってみてもいいでしょう。タイムアタックに挑む感覚で仕事にあたれば、時間を区切る練習になるかもしれません。

たかが13時、されど13時！

POINT

① 時間は確信を持って“適当”に使う。

② 「メールは1分以内に返さないとクビだ」……という気持ちで仕事をすれば残業時間は確実に減る。

③ 仕事の効率化は、時間を区切ることからはじめる。

CHECK

- □ 今日できたのに、後回しにしてしまった仕事はないか
- □ 用もないのにネットニュースを見ていないか
- □ ちょっとした待ち合わせに遅刻していないか

8

HOW TO USE YOUR TIME

仕事は優先順位で消していく

前項で述べた「時間を区切る」のと同様に、時間の使い方を考えるうえで大切なのが、「優先順位を決める」ということです。

私のように独立し、自分で会社を経営している人間にとって、最大の敵は雑務です。

クライアントとの連絡や、抱えている案件のもろもろの窓口はどうしてもトップである私に回ってきます。

さらに、仕事の総量を見ながらその仕事にふさわしいスタッフにふることもしなければなりません。

そうした判断もあるため、基本的に情報のすべてに一度は目を通さないとならないわけです。すると、やはり社長やトップの人が一番時間を取られるのは雑務になってきます。

仕事の大半を占めるのが雑務なので、その雑務をいかにこなすか、その効率をひたすら求めなければなりません。

なぜなら、そうしないと自分が本当に「やるべき仕事」にたどり着けないからです。

もちろんこれは誰にでも当てはまることで、効率的な仕事ができるかどうかというのは、やっかいな雑務やルーティンをいかに効率よく消していくかが第一関門になります。

ではどのように雑務を消化するのかと言えば、優先順位を決めることなのです。

たとえば英語の勉強をしたいと思ったとき、英単語を覚えなければいけないのか、文法を覚えなければいけないのか、ライティングやスピーキング、リスニングを鍛えなければいけないのか、その人のレベルや目標によって集中箇所が異なってきます。

ですが、効率の悪い人というのは端から端までやろうとしてしまう。何を優先すべきなのかわからないままに手をつけてしまうことが多いのです。

だから結果が出なかったり、途中で挫折してしまったりといったことになってしまいます。

またビジネスで言うなら、優先順位をつけるというスキルの有無は、そのまま決断力の有無にもつながります。

A、B、Cという企画書のうち、どれか1つ選んで上司の前でプレゼンしなければならない。

「あれにしようか、これにしようか、どれにしようか……」。自分の中で優先順位が定まっていないと、決断ができません。

しかし、「企画書Aは～の点でポイントをおさえている」といったように、優先事項を決めておけば悩むことがなくなります。優柔不断と言われる人の効率があまりよくないのは、こういうところに原因があったのです。

言ってしまえば、悩むことも時間のムダです。決められることはスッと決める。やるべきことをサッとやれる。

勉強であれ仕事であれ、ここをおさえられるかどうかが効率を高める大事なポイントになります。

そのために、優先順位をつけておくというのはとても大切なことなのです。

POINT

① 残業や休日出勤を強いるのは雑務。

② 18時に帰るためには、雑務を効率的に片付ける。

③ そのためには、優先順位をつけること。

④ 優先順位のつけ方、効率、決断力は三位一体。

CHECK

- □ 次のご飯、何を食べるかサッと決められるか
- □ 細かいことにこだわり、完璧を目指していないか

9

HOW TO USE YOUR TIME

優先順位は納期で決める

ところで、優先順位を決めるといっても、何を基準にしていいかわからないという方は多いでしょう。

仕事の効率が悪いとか、勉強でなかなか結果が出ないという人は、この優先順位のつけ方を見直した方がいいと思います。

たとえば好き嫌いで決めるとか、仕事のやりやすさで決めるとか、そんなのはナンセンスでしょう。

気が乗る、乗らないを評価基準にしてしまうと、時間の使い方にムラが出ます。

気が乗ることに力を入れすぎて、必要以上に時間を取られる。あるいはその逆で、気が乗らないことは「集中ができない」と時間を無為に費やしてしまうことがあるはずです。

では、どうすればムラのない時間の使い方ができるのか。

私の場合、優先順位の軸は「納期」で決めています。「納期」、つまりそれが必要とされる「期限」です。

なぜ納期か。それは、どんな仕事にも仕上げなければならないデッドラインがあるはずだからです。

今日の15時までに提出しないといけないのか、明日の朝まででいいのか、1週間後か1ヶ月後か1年後か、それによって作業のペースも変わります。

それは、自営業者でも会社員でも同じです。

クライアントからの依頼、上司からふられた仕事、自分の発案した企画やプロジェクトなど、世の中のどんな仕事にも納期があります。

ですから、まずは一番早く出さなければいけないものに手をつけ、それが終わってから、二番目に期限の近いものを片付ける。

これほどシンプルで、かつ有用性の高い指針はないと私は思うのです。

こういうことを意識できていない人は、何でもかんでも処理が下手です。

たとえば優先順位を徹底していない人の冷蔵庫には食材がどっさり入っていると思います。

何を買ったかを忘れ、次から次へとどんどん新しいものを入れてしまう。

あるいは、その日に何を食べたいかという気分だけで買い物をしてしまう。

そして、使い切れなくなった余分な食材をダメにしてしまいます。

やるべきこと、目の前のことを見もせず次々にいろんなことに手をつけるから、結局どれもおぼつかなくなってしまうのです。

「三日坊主」、「飽きっぽい」ということにならないように「いつまでに～しないといけない」という納期を意識し、順番どおり消化していくようにしてください。

POINT

① デッドラインのない仕事などありえない。

② 納期に従順に仕事をしていれば、あとで慌てることはない。

③ 今日やるべきことは今日やり、1日の最後には明日やるべきことを確認する。

CHECK

- □ 好き嫌いで仕事の順番を決めていないか
- □ 冷蔵庫やクローゼットがぎゅうぎゅうになっていないか
- □ 三日坊主、飽きっぽいと言われていないか

10

HOW TO USE YOUR TIME

納期の次は緊急度を見る

前項の続きです。

優先順位を納期で決めることにしたとしましょう。

けれど、どうにも納期のかぶっているものがある。

上司から受けた仕事と、自分の得意先に出さなくてはいけない書類、どちらも今日明日中に仕上げなくてはならない。

というように、納期のかぶる案件が同時に2つあった場合はどうしたらいいのでしょうか？

そんなときは「緊急度」によって手をつける順番を決めます。

緊急度とは、必要性、重要性と言い換えることもできるでしょう。

それをやらなければどんな不便が生じてしまうか、やってもやらなくても大差ないことなのか、逆にそれをやってしまうことで不便が生じてしまうことはないか。

これを鑑みて、緊急度の高いものを優先します。

特に仕事の場合、自分で日程を動かせるものとそうでないものがあります。日程を動かせないというのは、私の場合で言えば会議や打ち合わせ、法廷や講演といったものです。これらは、その日にやらなければなりません。もし予定をずらそうものなら、次の仕事がなくなってしまいます。

一方、雑務などは自分でいくらでも調整できるものです。そのため、緊急度は低い仕事になります。

納期と緊急度、この2つがあれば大概のことはクリアできるはずです。

逆に、これでもクリアできないということは自分のキャパシティを越えて背負い込みすぎているということ、効率的でないこと、そのどちらか、あるいは両方でしょう。

冒頭の例で言えば、上司から受けた仕事、クライアントに出すべき書類、これらはその日に受けて「今日明日中にやっといて」というものではないはずです。

一方が急に入った仕事だとしても、もう一方は前々から「○日にまで頼むよ」とか、「月末くらいまでに用意しといて」とか、そんなふうに伝えられているでしょう。

時間がかかるものならば、少なくとも期限の3、4日前くらいにはもらっているはずですし、その日にもらって「今日明日中」というのなら、そもそも時間のかかるものではないのだと思います。

事前にもらっていた仕事なのに最後になって焦るというのは、やはりスケジュールに余裕を見すぎていたことが考えられます。「まぁあとでいいか」とどこかで手を抜き、急用に対応できなくなってしまったということではないでしょうか。

「急に入ってしまう予定」などは自分で管理することはできません。

ですから、今日できることは今日やり、明日に回さないことが肝要です。

それでも処理しきれなければ、仕事を受けずに断る、期限を伸ばしてもらう、上司に相談する、といったように対応がすべきだと思います。

Lesson Of The Episode

POINT

① やらないことによってどんな不便が生じるかを考える。

② 仕事を受けるときは、納期と緊急度を鑑みる。

③ それでダメそうなら、そもそも引き受けないこと。

CHECK

- □ 後先考えず、その場の空気で仕事を受けていないか
- □ 断りにくいから仕事を受けている、ということはないか
- □ どうでもいいような仕事に妙に力を入れていないか

11

HOW TO USE YOUR TIME

やるべきことを残さない

私は自分でも仕事が早い方だと思っているのですが、特に意識しているのは何でもすぐに片付けてしまうということです。今できることなら、その瞬間にアクションを起こします。今日やるべきことは必ず今日中にやり、明日に持ち越しません。

そうすることで、明日何らかのトラブルが起こっても余裕をもってあたることができるので、スケジュールをコントロールしやすいのです。

たとえばメールですが、私は事務所にいるときメーラーを常に立ち上げっぱなしにしています。仕事の案件などは、だいたい私を介して入ってくることが多いものですから、スタッフにふるにも自分で確認しないといけません。

1日に数十のメールのやり取りがありますので、とにかく心がけているのは、「返さないといけないメール」を残さないことです。その際、テクニックとまではいきませんが、返信した受信メールはゴミ箱へすぐに捨ててしまうようにしています。

返信、捨てる。返信、捨てる。返信、捨てる。

これを繰り返すと、「返さないといけないメール」の数はどんどん減ります。

すると、受信ボックスに残るのは「今返信するよりあとで返信する方がいいメール」ということになります。そして、それも頃合が来たらさっさと返信し、ゴミ箱へ。

こうすれば「あとであれをやらなきゃ」という余計なストレスを抱えることはありません。すぐやってしまった方が気持ちよく他の仕事に集中できるのです。

ちなみに、私は勉強用に買った本なども、とにかくその日のうちに読みはじめます。そして、少なくとも1週間以内にはすべて読み切ります。延ばし延ばしやっていると、いつまでたっても新しいことをはじめられませんし、〝なぁなぁ〟で終わってしまうからです。やるべきことは絶対に残さないようにしてください。

不要なメールはすぐ削除！

POINT

① あとに溜め込んで得することは1つもない。

② 反対に、すぐやれば気持ちが楽になるし、片付くのも早い。

③ 結果、急なトラブルに対応しやすくなる。

④ 最後には周りからも評価されるようになる。

CHECK

- □ 買ったことも忘れ、本棚に眠っている本はないか
- □ 1本電話すれば済むことをためらっていないか
- □ 返信しづらいメールを溜めていないか

12

HOW TO USE YOUR TIME

「面倒だ」と思った瞬間、効率は1／2以下になる

やるべきことを残さないためには結構な集中力が必要ですが、集中力を一気に下げるタブーワードがあります。それは、「面倒くさい」です。

これは思っていても言ってもダメですし、言ってしまったらもっとダメです。

目の前のことが面倒だと思った瞬間、気が重くなり、体や頭が動かなくなってしまいます。面倒くさいというのは、「それを言ったらおしまい」というタブーワードなのです。

世の中に面倒でないことなどありません。労をかけずに得られるものなどないのです。

私の場合、食事をしないでも生きていけるならその方がいいですし、寝なくてもいいのなら寝ない方がたくさん時間をつくることができます。その分、好きな本を読んだり、

もっとお金を稼いだりもできるわけです。

しかし、そんなことは不可能なわけで、しょせんは「もしも」の世界です。

食事をするのも眠るのも、働くのも、現実として私たちが生きていくには必要不可欠なことであり、それを否定することはできません。

基本的に、人間は欲望に正直な生き物です。そのため怠け者で、どうしても易きに流れてしまうのですが、それをやらない理由にしてはいけないのです。

どんなことにしろ、どうせやらなければいけないことなのであれば、さっさとやってしまうに越したことはありません。嫌だという気持ちの中でやるより、割り切ってしまった方が何倍も楽に、そして早く終わります。

あまり気が進まないからこそ、短い時間の中で集中して片付けてしまう。やはりこれが原則なのです。

「面倒」という言葉が頭をよぎったら、「め……」のあたりで止めましょう。

目を閉じ一呼吸。そして姿勢を正し、気合を入れましょう。

めんどくさいは深呼吸で消す！

POINT

① 怠けたいと思うのは人間の本能。誰でも同じ。

② しかし、だからといって「やらない理由」にはならない。

③ 面倒を溜め込むと、精神的にも肉体的にも余計なパワーを使うことになる。

CHECK

- □ 早退する理由、休む理由、断る理由を考えていないか
- □ 食べたあとの食器を洗わずに溜めていないか
- □ 風呂掃除、トイレ掃除を怠っていないか

13

HOW TO USE YOUR TIME

「もしかしたら……」はない

株式投資で大事な考え方に、「損切り」というものがあります。

損切りとは、持っている株の株価が下がってきてしまったとき、一定以下の金額になったら売ってしまうことです。つまり、若干の損は出てしまうものの、これ以上損が大きくならないうちに売り切ってしまおうというものです。

損切りの考え方は、人生においても非常に重要なものだと、私は常々思っています。

なぜなら、損切りの発想ができない人というのは「もしかしたら……」を考えてしまいがちだからです。

もしかしたら、待っていれば株価はあとで回復してくるかもしれない。

もしかしたら、今以上にもっとうまくやれる方法があるのかもしれない。

この「もしかしたら……」というのは本当に厄介です。ありもしない、起こりもしないことに期待をすることで、ロスが大きくなってしまう。

また、自分のやり方、今の状況に執着するあまり、次の行動を起こせないということにもなります。「もしかしたら」に賭けても、1つもいいことがないのです。例を出しましょう。

ある男性が交際していた女性にふられたとします。

しかし、男性は女性に対する未練があり、「もしかしたらまだ……」と連絡を取ろうとします。口実をつけ、食事に誘ったりもするでしょう。

ただ、女性の方にはそんな気はまったくなく、別に意中の人がいます。

と、こういうのはよくある話だと思います。

男性自身、可能性は低いということをわかりながらしばらく未練を引っ張り続け、その間ムダな労力、時間、お金をつぎ込んでしまう。つまり、これが損切りができていない状態なわけです。当然、仕事にしたって勉強にしたって同じことです。

たとえば、資格勉強のための参考書を買った。しばらくやってみても、いまいち頭に入ってこない。そういうことは誰にでもあることだと思います。

私の場合、この段階でもう二度とその参考書は読みません。

頭に入ってこないというのは自分に合っていないということなので、読み進めていったところで劇的にわかりやすくなるということはほとんどないからです。

その参考書は数千円したかもしれませんが、より効率よく勉強するために、新たな数千円の参考書に投資をします。

しかしこれを、「せっかく買ったんだし」とか「読んでいるうちにわかるようになってくるかな」とか、そういう発想でいると時間と労力の損害は拡大していくのです。

そうならないよう、「続けているうちにもしかしたら……」なんていう発想はすぐに捨ててしまいましょう。

現状に固執することではなく、自分をさらに伸ばしていく方法を考えること。

損切りすることこそが、目標達成への近道なのです。

POINT

① 「これはダメかもな……」と思った瞬間、損切りをする。

② 一発逆転的な発想は損を大きくするだけ。

③ 損をしたくないなら、着実な利をコツコツ取っていく。

CHECK

- □ 読みもしない新聞や雑誌を取っていないか
- □ 宝くじやロトを買っていないか

14

HOW TO USE YOUR TIME

10時に寝る

勉強、仕事、どちらでもそうなのですが、効率を高めるためにはよく寝ることです。私は常に7〜8時間は眠るようにしています。これはUSCPAや司法試験などの資格勉強をしていたときもです。

実際、今も夜10時にはベッドに入り、朝は5時半くらいに起きています。なぜなら、時間を区切った中で最大のパフォーマンスを発揮するためには、体力的に余裕がないと難しいからです。眠いときはどうしてもボーっとし、効率が落ちます。

ですから私は、夜1〜2時間の時間を削って勉強するくらいなら、夜は何もしないで寝て、日中のパフォーマンスを最大限に高めるようにしているのです。そして仕事をさっさと切り上げて、残業はせず帰る。そして帰宅後の数時間を自分の好きな時間に充てるという生活を送っています。そもそもの話、残業が多かったり勉強の時間が取れなかったりするのは、日中の仕事の仕方に原因があるのです。無理して夜に時間を作り、翌日眠たい頭で仕事に向かうより、規則正しい生活リズムでたっぷり眠って万全の体調で仕事するのが一番です。

中には休日の「寝だめ」を習慣にしている人もいるかと思いますが、それもやめましょう。寝だめは生活リズムを崩す原因になりますし、何より貴重な休日の時間を台無しにしてしまいます。

「眠りたいのはやまやまだけど、そんな時間がないから困ってるんだよ」という人も、とりあえず今夜は10時に寝てみてください。そして、朝は5時か6時に起きるようにする。早起きした分、早めに出社してもいいですし、勉強でもネットサーフィンでも好きなことをしてみましょう。

この生活を1週間くらい続けてみると、効率の違いがわかると思います。夜の数時間が日常の業務にどれだけ支障をきたしているか実感できるはずです。

10時寝、5時起きでハイパフォーマンスに！

POINT

① 残業したくないなら、夜はしっかり寝る。

② 朝型にすれば、昼の作業効率は格段に上がる。

③ 今日から1週間、夜10時には布団に入ってみる。

CHECK

- ☐ 昼間、居眠りしそうになっていないか
- ☐ 行かなくてもいい二次会に参加していないか
- ☐ 休日寝だめをして丸1日つぶしていないか

15

HOW TO USE YOUR TIME

想像力のない人は時間をムダ遣いする

基本的な認識として、想像力のない人というのは本当に損をします。

最近で言えば、いわゆる「空気の読めない人」というのが想像力のない人の典型でしょう。現代に限った話ではなく、昔から空気が読めない人というのはいたわけですが、やはり想像力を欠いた人というのはマネジメントする立場から見ても非常に扱いにくいものです。

こちらの求める反応を返してくれない、的外れなことを言う、他人の気持ちや立場を考えた立ち居振る舞いができない、後先考えずに行動してしまう、といったような人だと、どうしても「こいつに任せて大丈夫か……?」と、仕事をふるのをためらってしまいます。同じ職場で働く同僚としても辛いものがあるでしょうし、ましてやそういう人が上司だと下手に意見もできないので、手に負えません。

そして何よりも、想像力が欠如していて一番損をするのは自分自身だということです。

たとえば相手が意図していることを考えずに仕事をはじめてしまうと、当然仕事のやり直しの可能性が大きくなります。

やり直しならまだしも、客先とのクレームに発展してしまうことだってあるでしょう。

あるいは、何か余計な一言を言ったせいで社内から総スカンを食らったり、大きな仕事がもらえなかったり、あるいは出世の道が閉ざされてしまうことも考えられます。

想像力がないと、大きな機会損失、時間を損失する可能性があるのです。


では、想像力はどうすれば身につくのでしょうか。

いろいろな方法が考えられますが、「相手の気持ちや考えを汲み取る」という点でいうと「この人は何が言いたいのか?」というのを常日頃から考えてみることです。

交流会でたくさんの人に出会ったり、仕事で多くの人に出会ったりしても、結局そういう意識づけのない人は何も身につけることができません。

アンテナのない人は電波を受信することができないのです。

なので、何も考えずに人と接するということがないよう、その人の価値観や考え方を吸収するようにコミュニケーションを取るというのがまず必要なことでしょう。

極端な話、「想像力をつけよう」と思いながら日常生活を送るだけで改善されていく部分だと思います。

逆に、何でもかんでもインターネットで調べてしまうのも考えものです。

わからないことをネットで調べる、一見効率的かのように見えますが、それでは自分で何も考えなくなります。

いわば思考停止状態のようなもので、それでは想像力は落ちていく一方です。

自分がある課題にぶつかったり、気になることがあったりしたときは自分の頭で考えないといけません。この作業が想像力の根幹になるからです。

考えもせずに得た情報というのは、わかった気になってすぐに忘れてしまうものです。

情報が氾濫する世の中だからこそ、きちんと物事の背景にあるロジックや主張に示されている証拠など、一歩二歩踏み込んでいく姿勢を大切にしてください。

Lesson Of The Episode

POINT

① 「想像力をつける」ことを常に心がけて生活する。

② 何事も自分の頭で考え、調べものをするときも、問題意識を持ってからにする。

CHECK

- □ 相手の求めるものを想像して話しているか
- □ 問題意識を忘れていないか

16

HOW TO USE YOUR TIME

自分のルールを作る

弁護士としての仕事をしている中で、私は1つ決めていることがあります。それは、「欲張りな人、自分を信頼しない人とは仕事をしない」というルールです。

ルールはこれまで述べてきたような習慣とは違います。ルールとは、「これは絶対にしない」あるいは「これは絶対にする」といった自分の軸のようなものです。

これを決めておくことで、余計なトラブルに首を突っ込んだり、あるいは巻き込まれたりすることを回避し、結果的には時間の節約につながります。

たとえば相談料をねぎったり、和解金をすでにもらっているにもかかわらず「もっと支払ってほしい！」などと相談してきたりする人は基本的にお断りしています。がめつい人にはロクな人がいないというのが、私の経験です。

また、私のことを信頼して仕事を任せてくれない人も同様です。そういう人は、私がどんな仕事をしても、決して信用してくれません。ああだこうだと文句をつけてくるので、なかなか仕事が進まないのです。

結局、そんな人たちと仕事をしても時間のムダです。

後々もめごとになって逆恨みされたらたまったものではありません。

それこそ時間と労力の浪費ですので、そういう兆候のある人と出会った際には、必ずお断りするようにしているのです。

こうしたときに重要なのがやはり損切りの発想です。

いくらかの時間、労力をその人のためにかけていたとしても、もうそれは忘れてしまう。

費用を回収しようとして変に首を突っ込むと、損が余計に大きくなってしまいます。と、このように行動の指針を決めておくと、物事に迷ったり、あるいは余計なことに時間をかけたりということがなくなります。

ちなみに、ルールは万能なものではありません。失敗をして、方向転換が必要だと思ったときはすぐに変えてください。1つのことにこだわりすぎることなく、柔軟性を持つことも必要なのです。

POINT

① 自分の行動指針を決めておけば、迷わない。

② 「仕事のルール」を作り、効率的な仕事に変える。

③ ただし、ルールは完璧でない。 その都度、より精度の高いものに作り変える。

CHECK

- □ 相手によって態度や対応を変えていないか
- □ コストを回収するために時間と労力を浪費していないか

Chapter 3

時間をムダにしない勉強のはじめ方

17

HOW TO USE YOUR TIME

楽をして結果を出す方法は存在しない

さて、この章からは「勉強があまり習慣化していない人」を想定し、仕事と勉強を両立していくための意識やコツを説明していきます。

すでに勉強習慣の身についている方にとっては確認のために、あるいは意外と気づいていないこともあるかもしれませんので、ざっとでも読んでいただければと思います。

本書の「はじめに」でも触れたように、資格勉強している方にもっとも多いのは「どうすれば仕事をしながら勉強時間を確保すればよいか?」という悩みの声です。そして、その次に多いのが「どうすれば勉強に集中することができるか?」というものです。

どうすれば集中できるか、その問いに対する答えとしては、「やる気が出ない、集中ができないことなら無理してやる必要はない」です。

Ｃｈａｐｔｅｒ１の冒頭、「欲と危機感」というキーワードを出しましたが、集中できないのはこの2つが欠けているからです。つまり自分自身、それほど必要性を感じていないのです。

「そんなことをしなくとも、ある程度満足している」という言い方もできるでしょう。たとえばＴＯＥＩＣでいいスコアを出せれば給料が上がるという制度を持つ会社もあります。

また、資格を取ればできる仕事が増えるとか、昇進につながるとか、転職したい、独立起業をしたい、そんな事情の人もいるでしょう。

しかしいずれにせよ、そうしたモチベーション、要因がありながらやる気が出ないというのなら、それは本当に自分のやりたいことではないのです。

また、やるべきことではないのだと思います。

本当はやる気もないのに、何となくだらだらと続けていくのはいいことではありません。「結果を出さなくてもいい」というのであれば話は別ですが、そうではないはずです。

そんな中、モチベーションの低いまま続けてもコストと時間は減っていくばかりですし、それなら方向転換した方がいいでしょう。

「それでは困る」というのであれば、もっと意識を高く持ってください。

残念ながら、やる気や集中力はおまじないで高めることはできません。自分自身でコントロールしなければならないものなのです。

と、あえて突き放した言い方をしましたが、まずは「楽して結果を出そう」なんていう考えは捨てなければいけません。自分に合ったやり方というのはいくらでもあるでしょうが、努力をしないで結果を出す方法などありません。

可能なのは、結果を出すための労力と、そこにかける時間を必要最低限にすることです。

適切にポイントをおさえ、労力のかけ方を変えれば、結果が出るまでのスピードも変わります。

結果を出している人で、努力を怠っている人、ずるをしている人などいません。いたとしても、それで結果を出し続けることは不可能です。自分や自分の目標にとって必要な努力を果たしているからこそ、彼らは結果を出しているのです。

Lesson Of The Episode

POINT

① 結果を出している人で手を抜いている人などいない。

② 「どう努力すれば結果が出るか」を常に考えているか。

③ 小手先のテクニックではなく、根本的な意識を見直す。

CHECK

- □ 楽している人をうらやんでいないか
- □ 即効性のあるものばかり探していないか

18

HOW TO USE YOUR TIME

ためらっている時間も惜しめ

アンソニー・レゲットという研究者をご存知でしょうか？　２００３年にノーベル物理学賞を受賞したアメリカの大学教授です。あるとき日本で行われた彼の講演を聞きに行ったのですが、題目は「ノーベル賞への風変わりな道のり」というものでした。

どんなふうに変わっているかというと、レゲット教授はそもそも、物理学者ではなかったのです。物理学者に転向したのはオックスフォード大学で哲学やローマ史を学んだあと。興味のおもむくままに勉強していった結果が、「超伝導体と超流動体研究」だったそうなのです。その講演でレゲット教授は、「ある分野で一流になるには、興味を持ったことをどんどん勉強していけばいい。その勉強は決してムダになることはない」と仰っていました。

私もレゲット教授の意見に賛成で、興味があるのならチャレンジすべきだと思います。

これまで私は外資系企業への就職からはじまり、USCPAの資格、アメリカの公認会計士事務所、司法試験、弁護士というキャリアを歩んできました。そして、弁護士をしている今も1年に1度くらいのペースで資格取得を目指し勉強をしています。

それは、ある仕事をしていたり勉強をしたりしていると、ふと「あ、自分にはこの分野の知識が足りていない」とか「この分野の知識をつけたら仕事も楽になるなぁ」とか、そういうことに出会う機会があったからです。

たとえば06年に取得した「公認内部監査人（CIA）」という資格があるのですが、これは08年4月から「金融商品取引法」という法律が改正され、上場企業の監査が強化されるだろうとわかっていたので、それなら今のうちに知識をつけておこうと勉強をしました。

さらにその勉強過程で「公認金融監査人（CFSA）」という、「公認内部監査人」よりも専門的な資格があることを知り、これも07年に取得することができました。

このように、ある得意分野を1つ自分の中に身につけると、あとは数珠つながりに得意分野が広がります。結果効率的に勉強することが可能になり、時間が圧縮されるのです。

さまざまな学問の積み重ねが実を結んでいく！

POINT

① 本物の学問を身につけたければ、何でも本気で取り組む。

② どんなことでも、勉強したことは必ず他の分野でも役立つ。

③ やりたいことがあるのなら、ためらわず勉強する。

CHECK

- □ 興味はあるが一歩踏み出せないということはないか
- □ 心のどこかで勉強は役に立たないと思っていないか

19

HOW TO USE YOUR TIME

教養と知識を分別しロスを減らせ

これまで私が資格を取ってきたのには、自分を「コングロマリット化」しようという意識があったからです。コングロマリットとは1つの企業が複数の事業を抱えていること。「複合企業」と呼ばれています。

要は、自分の会社に複数の事業を持っておけば時代の変化にも対応しやすくなるのです。変化の多い現代では、その時々社会に必要とされる分野は変わります。だからこそ企業はコングロマリット化し、自社が複数持っている事業の中で社会にアピールする分野を変えていき、時代に適応させていこうと考えるわけです。

何も企業に限った話ではなく、このことは個人にも当てはまります。めまぐるしい時代の変化の中で、どんな状況になっても社会で自分の能力を発揮していくには「これは負けない」という分野をたくさん持つことなのです。
そして、時代に合わせて必要とされる得意分野を切り替えていけば、とりあえず「食うに困る」という状況はありません。

自分のいる会社、自分のいる業界、自分自身の5年先も見通しが明るくない……。

そういう方は以前にもまして増えているのではと思います。ですがお伝えしたように、20年前には私もバブル経済の崩壊、会社の業績悪化に直面し、焦りと不安を覚えました。

そして、その漠然とした不安を振り払ってくれたものの1つが資格でした。

今社会に求められる人材は、会社の指示通りに動くサラリーマンではありません。

個人事業主のような自立した考え方、スキルを持ったビジネスマンなのです。

ですから、どうせ勉強をするのであれば自分の今持っている力を底上げしてくれるようなものがいいでしょう。自分の精通している分野をさらに深めるのも1つだと思いますし、間接的に関係してくる分野の知識を身につけるのもいいでしょう。

その意味で資格というのは到達点が見える分目標と期限が立てやすく、専門知識を深めるという意味でとても適しているものだと私は考えています。

もちろん本書の主題は「いかに時間を効率よく使うか」ですし、私自身「簿記を取れ」とか「司法試験を受けろ」とか言うつもりはまったくありません。

前述したように、これから勉強をはじめるという場合はとりあえず興味のある分野を勉強してみることをおすすめします。

そして、勉強の先に資格のようにかたちの見えるものがあるのなら、それをとりあえずの目標として勉強をしてみるといいでしょう。知識がすぐに身になることはなかなかありませんが、いつどんなところで役立つかわかりません。

ある分野に違った分野の考え方や知識を織り交ぜることで新たな化学反応が起こる可能性はあり得ます。

ただ、趣味の「教養」と、勉強して身につける「知識」の線引きをして、必ず目標と期限の設定を忘れないでください。

無意味に時間を使ってしまうことだけは避けましょう。

POINT

① 漠然とした不安は、勉強すれば消えていく。

② 自分の得意分野を深め、広げ、教養を知識に変えていく。

③ くれぐれも、目標設定と期限設定だけは忘れずに。

CHECK

- ☐ ゴールの見えない勉強をしていないか
- ☐ 趣味の幅ばかり広げていないか

20

HOW TO USE YOUR TIME

まずは通俗本を3冊読め

スキルアップにしても専門知識にしても、何かの勉強をはじめる際に必ずやっておくべきだと思うのは、簡単な入門書を3冊程度読むことです。

入門書には当たりさわりのないことではありますが、ある分野を勉強するうえでの基本エッセンスが盛り込まれています。「へぇ〜、こんな感じなんだなぁ」という何となくの雰囲気をつかむには最適です。

たとえば投資の勉強なら「2時間で株のことがわかる」とか、「投資の超入門」とかそんな感じの本です。ただ、1冊ではいけません。

1冊だと、本当に何となくの印象だけで終わってしまいますし、その時点でさらに詳しい本を読んでみても、まったくわからないということが多いでしょう。

さらに、偏った認識や見方で勉強をスタートさせることになりかねません。

ところが、入門書も3冊くらい読んでおけばそれぞれの本の中で共通していること、違っていることが見えてきます。また、本や著者によっていろいろなアプローチや解釈があるので、多角的に読むことが可能なのです。なので、勉強のはじめには入門書3冊分の知識をふまえたうえで、少し難しい本に挑戦していきます。

多少難しい本でも、すでに入門書で基本的な原理原則はおさえているはずなので、読み進めるのにそこまで苦労はしないでしょう。

少なくとも、「わからないからもう読むのはやめよう」という挫折はしなくて済みます。

そもそも勉強でつまずく原因の多くは、自分が何がわかっていないのかすらわからないということです。

自分の理解できていないことがわからないのですから、何をするべきかもわかりません。

そして、これでいいかと適当に選んだ専門書がわけもわからない用語の連発で、ものすごく難易度が高いと思い込んでしまうことがあります。

ちなみに私も司法試験の際、「基本書」という専門書に手を出したのですが、難しすぎてちんぷんかんぷんでした。その点、入門書にはたいがい参考文献がありますね。そこで、次はその文献に挑戦するということも可能です。3冊の入門書の中で共通している書籍があるのであれば、それを読んでみるといいでしょう。

特に私がおすすめするのは古典の専門書です。

古典の場合は読みつがれているだけあり、論理が明快で重厚です。物事を筋道立てて考える訓練にもなりますので、試してみてください。

ちなみに私が本を買うときは必ず東京の神保町に行くことにしています。通俗本から専門書、新刊から古本までたいがいのものが手に入るからです。

今はインターネット経由で本を買うのも簡単になりましたが、まずは書店に出かけ、自分の探しているジャンルにはどんな本があるのか調査した方がいいでしょう。

その際はできるだけ大きな書店に行くようにします。

比較対象は多ければ多いほど、納得のいくものに出会える可能性が高くなります。

POINT

① 勉強は入門書を読むことからはじめる。

② しかし入門書1冊では、
・理解が不十分
・偏見ができる
ので、必ず3冊は読むこと。

③ 本選びは、実際に書店まで足を運べば間違いない。

CHECK

- □ いきなり専門書を読んで挫折していないか
- □ 口コミ重視で本を選んでいないか
- □ 書店に行くことを避けていないか

21

HOW TO USE YOUR TIME

細かい行動スケジュールは立てるな

私が資格試験を受けるときは2年を期限にするという話をしましたが、その際、それ以外のことは決めないようにしています。

というのも、日々のスケジュール（特に勉強スケジュール）を立てるうえで必要なのは、「明日」のことを考えることなのです。反対に、1年先、1ヶ月先のことは考えません。

なぜなら、一日中勉強に時間を使える学生とは違い、社会人の勉強は「仕事をしながら」が前提だからです。

突然の打ち合わせ、客先とのトラブルなど、仕事にはトラブルがつきものでしょう。自分の仕事はコントロールできても、相手の都合はコントロールできません。家庭で家事をしている人なら、家族が病気になることもあるでしょう。

きっちりとしたスケジュールにそうした例外が入ってくると、人は焦ります。焦るあまり、無理をしてリズムを崩すことがあるかもしれません。あるいはスケジュールどおりにいかないのが嫌になり、「どうせうまくいくわけない」なんて考えて、勉強に対するモチベーションを下げてしまうこともあるでしょう。目標のために立てた計画のせいで、目標が達成できなくなる。それでは本末転倒もいいところです。

綿密に立てた計画であればあるほど、それは自分の中での理想的なスケジュールになりやすく、現実味がなくなってしまいます。かといって、多少ゆるめのいいかげんなスケジュールを立てたところで、予期せぬトラブルが続くことで結局〝なぁなぁ〟になってしまいます。

ですが、今日やるべきこと、あるいは明日やるべきことくらいまでであれば、ある程度はコントロールできます。

勉強で大切なのは、ペースを守り、とにかく続けることです。

融通の利かないスケジュールを立てるくらいなら、トラブルにも臨機応変に対応できるやり方で進めていくべきでしょう。

背伸びしたスケジュールは破滅のもと！

POINT

① 背伸びをしたスケジュールを立てるよりも、明日何をすべきかを考える。

② 勉強で効率を上げるには、自分でコントロール可能な範囲を完璧にこなす。

CHECK

- □ 現実を無視したスケジュールを組んでいないか
- □ 計画を立てて満足していないか
- □ その日その日、無計画に仕事をしていないか

22

HOW TO USE YOUR TIME

やるべきこと、やり方を絞る

拙著『できる人の資格勉強法』(中経出版)で、資格勉強は「過去問にはじまり、過去問に終わる」と言いました。どんな試験でもそうですが、過去問題集を見ればだいたいその試験の傾向と問題の難易度がわかるからです。

というのも、どんな試験でも専門的でハイレベルな問題が出てくることはほぼありません。

ほとんどの問題では基本的な内容が問われていて、合格するにはそこをいかに落とさないようにするかに重点を置くことなのです。

それもそのはずで、試験に合格するというのは「その道への入門を認められた」という程度のものであり、試験をパスすれば即専門家というわけでは決してありません。実務を経験し、さらに特殊な知識を身につけ、はじめて一人前の専門家になれるわけです。

そんなこともあり、過去問を見れば「思ったよりも難しくないぞ」ということに気づけるはずなのです。ところがこのことに気づいていない人が多く、「とにかく量をこなして隅から隅まで覚えねば」とやたらマニアックな専門書を読みはじめたりする人がいます。

また中には、「過去問はすでにやっているのですが、なぜか成果が出ません」という方もいました。どちらのパターンにしても、理由は「やるべきこと」、「やり方」を徹底していないからなのです。「やるべきこと」というのは、資格勉強でいえば基本知識をおさえること、問題のパターンに慣れることです。

要は、合格するのに必要なノルマ（=小さな目標）ということになります。

このやるべきことが決まれば、どうすればそれをクリアできるか、細かい「やり方」（=手段や方法）を定められます。資格試験ならとにかく自分に合った過去問をやり、その中で間違った部分を重点的にやるという方法です。

これ以外では「わからない問題はすぐに解答を見る」「問題は移動時間に読めるよう破って持ち運ぶ」といったことがありますが、別段特殊なことはしません。

私が資格勉強で行うのは、これだけです。

「私の言う通りにまねしなさい」というわけではありません。やるべきこととやり方は、徹底することが何よりも大事だということなのです。

勉強は最初の段階である程度やるべきことを洗い出し、早い段階で自分に適したやり方を見つける。そして一度決めたら、これを徹底する。大切なのはこの流れです。

他のことでも同じなのですが、たとえば仕事で効率が落ちてしまうのは、あちこち関係ないことを思い出してははじめてしまうからです。また、作業が終わってもいないのに合間に休憩を挟んでしまえば集中力は切れてしまいます。

1つのことを終えていない、覚えていないうちに新しいことに手を出してしまうと、どれも中途半端でおぼつかないものとなってしまうのです。

ですから、成果がほしいのなら、何をするにもやるべきこととやり方を絞り、一定の成果を上げるまでは集中、徹底することが肝心です。

POINT

① 難しいことをやるのが勉強ではない。

② 勉強で大事なのは、「やるべきこと」と「やり方」の設定。

③ とにかく初志貫徹。

④ 効率を極端に落とすことになるので浮気は絶対禁止。

CHECK

- □ やるべきことを設定する前にはじめていないか
- □ 取っ替え引っ替えやることを変えていないか
- □ タバコやコーヒー……不必要な休憩時間はないか

23

HOW TO USE YOUR TIME

気分に任せずパターンを作る

人間、誰だってその日の体調やテンションがあります。ですが、私の経験上、その日の気分によってやることを変えるなど邪道です。そのためシステマチックな行動パターンを作ってしまいます。私の場合、とにかく生活リズムを設定しました。問答無用に体を慣れさせ、そのパターンで動かないと「何だか気持ちが悪いなぁ」というレベルまでもっていきます。


例として私がアメリカにいた頃の生活リズムを紹介します。

当時、私は夜9時に就寝、5時に起床という生活を送っていました。

まず朝5時に起き、熱めのシャワーを浴びます。42～43℃くらいのシャワーです。多少眠くとも、これで強制的に目を覚ますことができます。頭と体をすっきりさせたらさっさと支度をして家を出ます。電車に乗り、テキストなどを読みながら勉強をスタート。30分後、電車をおりたら会社近くのコーヒーショップに入って再び勉強です。会社には9時頃行くので、それまで3時間くらい集中します。そして時間になったらトールサイズの「モカ」を買って出社し、朝ごはん代わりに飲みながら仕事をします。

昼は軽食を買い、仕事をしながら食事。そのままノンストップで働き、6時に帰れるようにします。オフィスを出たら、朝と同じく電車の中で勉強。

帰宅し、食事をして勉強や運動など好きなことをして過ごします。で、9時になったら寝てしまうという生活です。基本的にこのパターンは今も変わらず、寝るのを10時くらいにしているのと、朝食はモカからココアになったというくらいのものです。

資格勉強をしていないときは本を読んだりして、好きな時間に充てています。

要は、それぞれの時間帯でスイッチを作ることが重要になります。私の場合、朝起きて「熱いシャワーを浴びる」→「ココアを飲む」というのがある種のスイッチになっていて、あとはもう自動的に体が動きます。

1日の生活パターン

AM 5:00	起床
	シャワー
AM 5:30	
	電車で勉強
AM 6:00	
	コーヒーショップで勉強
AM 9:00	モカを買い出社
	ノンストップで仕事
AM 12:00	昼は軽食で済ませる
	ノンストップで仕事
AM 18:00	退社
	電車で勉強
AM 18:30	帰宅
	勉強・運動・食事 etc
AM 21:00	就寝

毎日をパターン化することが、一番の近道！

POINT

① 初心者の勉強は1日のパターンを作ることから。
・朝起きて一番にすること
・出社して一番にすること
・帰宅して一番にすること
これを決めて、自分のスイッチをONにする仕組みを作る。

CHECK

- ☐ 起床時間が日によって違わないか
- ☐ 朝ご飯を抜いていないか
- ☐ 寝る時間が不規則になっていないか

24

HOW TO USE YOUR TIME

嫌なことほど習慣化する

勉強をするといってもいろいろと種類がありますから、特定の科目や単元が苦手とか、特定のやり方が好きじゃないということがあるでしょう。

ただ、それもやらないわけにはいかないのであれば、生活リズムを作るように勉強のパターン化をしてしまうのが望ましいでしょう。

たとえば、テキストは「1日10ページ必ず読む」というノルマを決め、読むと決めたら必ず読むようにします。

最終的には必要なことなのですから、問答無用で自分に鞭を打ってしまうのです。

最初はもちろん「嫌だ」という気持ちがあるものですが、不思議なことにやっているうちにだんだんと体が慣れてきます。

生活習慣を作るのと同じで、勉強パターンも一度作ってしまえば、だんだんとやることに苦痛を感じることがなくなり、次第にやらなければ落ち着かないくらいに変わるのです。

そして、勉強の内容理解もだんだんと進んでいきます。

何となく内容がつかめ、知識をつけることがどんどん楽しくなってくるのです。

あるパターンや法則が見えてきて、自分の成長を実感できるという段階です。

というように、多少無理やりにでも勉強習慣をつけることができれば、学習の効率は飛躍的に伸びます。テレアポが苦手、クレーム対応が嫌という気持ちも、続けているうちに慣れ、そのうち「どうすればもっとうまくいくか」を考えるようになりますね。

仕事と同じように、経験を重ねれば誰だってある程度の能力を身につけることは可能です。本を読むのが嫌いでも、量を読んでいけば次第に活字を追うということに慣れ、本を読むという行為の楽しみがわかるようになります。

ですからまずは習慣を作り、慣れる状態にいち早くもっていけるよう努力してください。

そこからあとは、ものすごいスピードで成長できるはずです。

キツくても継続すると、いつの間にか習慣に！

POINT

① 苦手意識に甘えない。

② 3週間くらい続けてみて、それでもダメならやめればいい。

③ 苦手なことほど理解できたときの喜びは大きい。

CHECK

- □「向いてない」「できない」を理由にしていないか
- □ 3日やっただけであきらめていないか
- □ 本当にやろうとしているか

25

HOW TO USE YOUR TIME

ケチらずどんと金を出せ

基本的に私は、これまでどんな資格試験を受けたときも独学で行ってきました。いずれも時間がない中での試験でしたので、周囲から入ってくる情報量をなるべく少なくして、自分の勉強のやり方に迷いが出ないようにしたのです。

その点では、「資格試験には予備校に行かないと受からない」という最近の風潮に少し疑問を持ってしまいます。ただ、かく言う私もＵＳＣＰＡ（米国公認会計士）の試験のときだけは３ヶ月ほど予備校に通っていました。

人生ではじめての資格試験、しかも外国のものでしたので、どんなテキストや問題集を買えばいいかまったくわからなかったのです。

そこで、どんなものなのかと様子を見るつもりで通ってみたのでした。通ってみて思いましたが、予備校のいいところは何よりもお金を払ったら行かざるを得ないことでしょう。自分の働いたお金で高い受講料を払うわけですから、行かないともったいない。私の場合、動機としてはそんな貧乏根性でしたが、最初の一歩を踏み出すという意味ではなかなか意味のあるものではなかったかなぁと思っています。

このように、「何かの勉強をはじめたい。でも、何からはじめていいのかわからないなぁ……」というのであれば、とりあえず強制力の働く環境に身を置いてみることです。予備校やセミナー、講演会、いろいろとありますが、思い切ってお金を出してしまった方が弾みがつきやすいでしょう。就職をした学生が社内研修を経て見違えるようになることがよくありますが、同じように強制力の働く場所、言い換えればやらざるを得ない状況に置かれると、人は割り切ってできるようになります。

ただ一方で、予備校などにどっぷり浸かっても意味があるのかなぁという気もします。私も予備校に通ったことで「アメリカのどこどこという出版社のテキストがいいよ」なんて情報を手に入れることができましたが、何をやるか、どうやるかについては結局自分で考えるしかありません。

そのため、私は教えてもらった情報を参考にして、あとは完全に独学で臨みました。

勉強の場合は特にそうだと思うのですが、やり方のポイントやコツをつかむには自分でいろいろとやってみないとなかなかわかりません。

ところが予備校のようなところでは先生と生徒という関係があるので、どうしても先生の言ったことにはバイアスがかかります。そして、それが本当に自分に合っているかどうか考えることもしないで、何となく続けてしまうかもしれません。

その意味では、いつまでも人におんぶに抱っこという勉強法はおすすめできないというのが正直なところです。予備校は資格を取るための「ヒント」を与えてくれますが、それ以上を期待するのは難しい場所でしょう。

それはセミナーにしても同じで、講師の言うことが100％正しいということでもないと思います。お金と拘束時間の関係もありますので、そのあたりをふまえ、判断してみてください。くれぐれも、カリスマ講師の妄信的な信者にはならないよう気をつけましょう。

POINT

① サボりたい欲求に打ち勝つには、逃げられない状況を作ること。

② 最初に投資して、簡単に逃げられないようにする。

③ ただし、あくまでも参考程度に、自分で考えることを忘れない。

CHECK

- □ はじめるきっかけを待っていないか
- □ 「評判のいい方法」＝「正しい」と考えていないか

26

HOW TO USE YOUR TIME

「達成感」を積み重ねれば続く

人間にはそれぞれの人に適した学習のレベルというものがあります。

当然ですが、私もある分野をはじめて勉強するときにはまったくの素人です。

では未知の領域に踏み込んだとき、必要なのはどんなことだと思いますか？

それは、とにかく勉強を続けていくことです。

そしてそのためには、簡単なレベルからはじめて、わかるようになった、できるようになったという達成感を感じること。達成感の積み重ねを繰り返していくことです。

このとき大事なのは、自分に合った難易度の適切なものを選んでいくということです。

背伸びをして難しすぎるものを選んではいけません。

かといって、小学生のやるドリルのように淡々と作業するようなものではなく、きちんと自分の頭で考えて解いていけるものが望ましいでしょう。

やったことはないのですが、『ドラゴンクエスト』や『ファイナルファンタジー』といった、ロールプレイングゲームというジャンルのテレビゲームは昔から人気です。なぜ人気かというと、自分の操作するキャラクターが成長していくと同時に敵のキャラクターもどんどん強くなり、それを倒していくという達成感があるからでしょう。

この敵を倒すという感覚は、勉強を続けるのにとても大事な要素だと思います。

資格試験の場合は過去問題集をとにかくやればいいと思いますが、英語のような語学や経済学などの場合、自分の成長を実感できる本、参考書、問題集を選んでください。徐々に専門性のレベルを上げていき、倒し、知識を吸収していきましょう。

またマンネリを防ぐという意味では、問題を解いたりテキストを読んだりするとき「何分でどこまでやる」という目標タイムを決めておき、それをクリアしていくというのもいいでしょう。タイムアタックは、仕事でも勉強でも惰性を克服するのにいい方法です。

達成感の積み重ねが結果につながる！

POINT

① 効率的に結果を出したいなら、とにかく続ける。

② 己を過信せず、過小評価せず、適切なハードルを課す。

③ ゲーム感覚で取り組むのもいい方法。

CHECK

- □ 一朝一夕で知識が身につく方法を探していないか
- □ 続けるための努力を欠いていないか

27

HOW TO USE YOUR TIME

環境を選ぶな

よく、勉強のノウハウ本などには集中力を高める方法として「図書館に行こう」とか「静かな環境を選ぼう」とか書いてあります。ですが、私はそれに反対です。

というのも、たとえば図書館で勉強することを習慣化し、集中を高めるためのスイッチにしてしまうと、そこ以外で勉強することができなくなってしまいます。

極端な話、勉強するたびに図書館に行かねばなりません。

自宅から図書館が5分の位置にあるというのならまだしも、わざわざ20分も30分もかかる場所にある図書館に行く。往復すれば1時間近くにもなる時間をムダにしてしまうのはもったいないことです。そして何より、図書館は人を神経質にしてしまいます。

多くの本で言われているように、静かな場所で勉強するというのはとても理想的な環境です。邪魔するものはありませんし、自分の世界に入り込んで勉強できることには違いありません。

ですが、理想的なものがベストかというと、決してそういうことはないと思います。図書館のような静まり返った場所での勉強を基本としていると、コーヒーショップやファミリーレストランなどでは「静かじゃないから集中できない」となってしまいかねません。

つまり、何かにつけて「ここは〜だから」というような思考回路ができあがってしまい、勉強しない理由、勉強ができない理由を作ってしまう可能性があるのです。

これは限られた時間の中で勉強をするという意味で非常によくありません。「静かな環境」という存在が、自分の勉強の制約や足かせとなり、結果的には自分の急所になってしまうかもしれないのです。

その意味で、私は勉強をするのに環境を選ぶべきではないと考えています。

実際これまでもそうしてきたのですが、勉強場所を決めるときは静かだからというようなことではなく、「会社から近いから」とか「自宅から近いから」とかそうした物理的な距離などで考えています。

ある特定の場所でしか集中できない状況を作るのではなく、電車の中でも何でも集中できるようになった方が成果と効率は高まります。

何も轟音響くライブハウスでやれとかそんな極端なことは言いませんが、ちょっと周りの音がうるさいくらいの環境で勉強を習慣化した方が長期的にはいいと思います。

コーヒーショップやファミレス、電車の中で集中できるようになれば、勉強の効率はかなり高まるでしょう。何より、試験の本番で周囲の受験生を気にしたり、変なことに気を回したりといったことにならずに済みます。

時間のせいにしないことと同じで、勉強ができない、結果が出ないことを環境のせいにするのもナンセンスなのです。

環境に左右されず、自分のペースで勉強できるようにならなければなりません。

ただ、もちろん図書館がいい環境であることに異論はありませんので、「たまには気分を変えようかなぁ」というときだけ、図書館に行けばいいでしょう。

POINT

① 理想的な環境がベストな結果につながるとは限らない。

② 環境を選ばず、神経質にならずに勉強することの方が大切。

③ 決して環境のせいにせず、どこでも集中できるくらいの執着を持つ。

CHECK

- □ 電車内のちょっとした音や動作にいらついていないか
- □ 「〜じゃないとできない」と言っていないか

28

HOW TO USE YOUR TIME

隙間時間にできることを用意しておく

私は試験勉強をするとき、ちょっとした空き時間にも勉強するようにしています。

ただ、テキストや問題集は文庫本などとは厚みや大きさが違うため、毎回持ち歩くのは大変です。そこで、問題集のページをカッターで切り抜き、ポケットやかばんに入れておくようにしていました。これなら打ち合わせで外に出るとき、その移動中や相手を待っている間など、ほんのちょっとした時間に使えてとても便利なのです。

だいたい10ページ分くらいになりますが、これを家に帰るまでのノルマ、という使い方もできます。使い終わったものはファイルにまとめておき、繰り返しやるようにしました。

というように、私は本をバラバラにすることにあまり抵抗がないので切り離してしまいますが、ちょっと嫌だなぁという人はそのページをコピーすればいいでしょう。

環境を選んではいけないという話をしたように、何についても神経質にならず、効率を高めるためなら何でもやるというような姿勢が大事なのです。


そういう時間が1日30分あったとしたら、1年では1万950分(=182・5時間)に相当します。2年なら倍の365時間。これだけの勉強時間を捻出できるのです。

働きながらの勉強では、そうしたちょっとの時間もバカにできません。

休日にたくさんの時間を使って勉強するというのは難しくありません。誰にだってできます。ですが、ちょっとした隙間時間できちんと勉強できる人というのはなかなかいないと思います。


だからこそ、隙間時間をうまく使い、効率よく吸収していくんだという姿勢を大事にしてほしいのです。

ちょっとの隙間時間でも勉強を！

POINT

① 短時間集中を極める。

② 本来、勉強はどこでもいつでもやれるもの。

③ 「できない」理由を探さない。

CHECK

- □ 隙間時間を軽く見ていないか
- □ 電車の中でずっとケータイをいじっていないか

29

HOW TO USE YOUR TIME

スマホ&タブレットの二刀流になれ

「勉強にスマホは禁物」。そんな時代はとうに過ぎ去りました。

こんなにも万能なツールがあるのですから、使わない手はありません。勉強の障壁の1つに、物理的なハードルがあります。わかりやすいのが、本やノートといった勉強道具でしょう。私たちはつい学生時代の感覚で、アナログな勉強法を実践してしまいがちです。鞄に本、問題集、電子辞書、ノート、筆記用具を詰めていませんか？　勉強してる気分に酔いたいのであれば、それもいいでしょう。しかし、今ではスマホ1台あれば、片手で勉強できます。電子版のテキストを購入したり、アプリケーションを用いることで、心理的ハードルを下げ、場所と時間を選ばずに学習が可能になるのです。

ほかにもスマホが有用な点は大きく3つあります。

1つ目は、「なんでも調べられる」ことです。

電子辞書には載ってないことも、インターネットで検索すればヒットします。また、画像検索を活用すれば、視覚的にインプットが可能です。外国語の学習をしている方であれば、正しい発音もすぐに聞いて、耳で覚えられます。

2つ目は、「動画によって勉強ができる」ことです。

たとえばYouTubeには、あらゆる学習向けのコンテンツがアップされています。語学、法律、会計、歴史。検索すればプロ／アマによる良質な講義動画を無料で視聴することができます。梅田望夫氏の言葉を借りれば、まさにYouTubeは「知の高速道路」です。忙しい日は倍速再生で視聴して、復習するだけでも十分効果があります。

3つ目は、「アプリで暗記ができる」ことです。

受験生のころ、カードの表裏に英単語と和訳を書いて勉強した経験のある方もいらっしゃるでしょう。しかし、時間のないビジネスパーソンにとっては、そんな作業はムダの骨頂。持ち運びには不便だし、覚える量が多ければ多いほどかさばってしまい、重くなります。「Monoxer」や「Anki」といったアプリがあります。何度も正解する単語や問題は表示回数を減らし、何度も間違えてしまうものは、頻繁に出題されるように、簡単にプログラムができるため、非常に便利です。記憶は何度もやることで定着します。毎日使うスマホの出番です。

さらに、もしお持ちであればタブレットの活用も推奨します。スマホに比べ画面が大きく見やすいため、インプットにもアウトプットにも最適です。ノートの代わりにタブレット、ペンの代わりにタッチペン。そうすれば、ハイライトをつけるのも一瞬ですし、何度も修正したり、書き換えたりできます。また、ネットから画像を拾って貼り付ければ、ノートにメリハリが出て、視覚的なインプットが可能になります。詳細な情報が載っているサイトがあれば、リンクを貼り付けて、いつでもサイトに飛ぶことだってできます。

また、スマホとタブレット、パソコン間で簡単に同期ができる点も大きな魅力と言えるでしょう。メインはタブレットで勉強し、空き時間にスマホで復習。こういった具合に、デジタルの利点を最大限に活かすことで、私たちの勉強の生産性は格段に向上するのです。

Lesson Of The Episode

POINT

① 調べものはネットとYouTube、暗記はアプリで、心理的ハードルを下げる。

② スマホ＆タブレットの二刀流で、ムダのない学習スタイルを構築する。

CHECK

- ☐ 本や資料は電子化して一元化できているか
- ☐ 画像や音声を活用して、五感で学習できているか

Chapter 4

「流行り」や「常識」を疑え

30

HOW TO USE YOUR TIME

脳科学に興じている時間は全部ムダ

このところ、メディアでは「脳科学」が一大ブームになり、世間一般の認知度もかなり高くなってきたように思います。私も書店に行くとよく脳を使った仕事術とか、脳を活かした勉強法とか、いろいろと見かけます。と同時に、そうした本を見ると「いったい誰が買ってるんだ?」とも思ってしまうのです。

脳科学というのは、そもそもどんなものなのでしょうか。

大学には脳を研究している医学部の研究室はありますが、いわゆる「脳科学部」などという学部は見たことがありません。それはつまり、脳科学がまだ体系的な学問領域として蓄積されていない、と言うこともできるのではないでしょうか。

ある研究結果を取り出し、「〜すると脳が……」などと、何でもかんでも関連づけているだけのような気がどうしてもしてしまうのです。

前章、「教養」と「知識」について少し触れましたが、教養というのは知っていて損はない、だからといって実益につながることはまれなもの。対して知識とは自ら勉強して身につけたもので、実益につながる可能性のあるもの、というように私は考えています。

そして脳科学というのは、前者の「教養」に過ぎないのではないかと、私は思うのです。

「これは脳に良い習慣だ」とか「悪い習慣だ」とか言われると、一見説得力があるかに見えます。信じてしまいそうになる気持ちもわからなくはありません。

ですが結局、脳の使い方だ何だということは、決して目に見えません。

ウェイトトレーニングのように腹筋が割れてきた、腕が太くなってきた、というのならわかりますが、脳を鍛えて「おっ、脳が鍛えられてきた」なんてことはあるはずありません。せいぜい「最近物忘れがなくなってきた気がするかも……」くらいのものでしょう。

脳に関する研究や本のすべてを否定するつもりはないのですが、「仕事や勉強の効率を上げたい、結果を出したい」と願うのなら、知識になる勉強をすればいいと思うのです。

脳科学ではなく、会計、ファイナンス、株式投資、経済、法律、語学など、これらを勉強して知識を身につけた方が、よほど実生活につながる即効性があると思います。

脳にいい習慣を実践したとして、結果が現れてくるのはいつでしょうか。5年後か10年後か、誰にもわかりません。それが非効率だというのは誰もがわかっているはずです。

しかし即効性のある勉強をしないのは、人間の怠け心のさせるところなのでしょう。

20年、30年、40年生きてきた中で染み付いた生活習慣や考え方、価値観を変えるのはしんどい。だからこそ、目に見えない、いわば「未知の可能性」が眠っていそうな脳に期待をかけてしまうのかもしれません。

しかし、結果をそう簡単に出せる方法などありません。

世の中には欲に目がくらんで犯罪に走ってしまう人がいます。言い方は悪いですが、脳科学にすがるというのはそれと同じようなところがあると思います。

お金、地位や名誉がほしいなら、一発逆転ではなく、着実に努力を重ね、実力を伸ばさないといけません。

目的に対し、その手段を取り違えてしまうのは非常に惜しいことだと思うのです。

Lesson Of The Episode

POINT

① 知識と教養を分別する。

② 効率の面から言えば、教養に費やす時間は趣味の時間。

③ 実益が欲しくて勉強するのなら、知識をつける努力をしなければならない。

④ 脳科学を盲信していてはいけない。

CHECK

- ☐ 脳の可能性を過信していないか
- ☐ 儲け話に心を動かされていないか

31

HOW TO USE YOUR TIME

ノートなんか作るな

私は一時期、資格試験の専門予備校で講師をしていたことがあります。

そこで驚いたのは、私が板書したものを生徒がノートに丸写ししていたことです。

「そのノートをどうするのだろうか……というか、この生徒は人の話を聞いているのだろうか……」と感じてしまいました。

当然ながら、ノートに夢中になっていると音声情報が入ってきません。入ってきても、内容を理解することに頭を使えません。また、大学や予備校、セミナーの講義など、だいたい要点をまとめたプリントを配ってくれるはずです。

であれば、大事なポイントやキーワードだけそのプリントに書き込んで、とにかく講師の人の言っている内容を理解するのに全神経を注ぐべきだと思います。

というのも、私自身ノートを作ったことがありません。

それはもちろん勉強中でもそうなのですが、何のために作るのかイマイチ目的がわからないのです。

よく、「本やテキストで読んだことをまとめて、あとで見直すため」と聞きますが、そのために何時間も使って果たして意味があるのかなぁと思ってしまいます。

本の内容を確認したければ、もう一度本を読んだ方がいいのではないでしょうか。

最近の本はチャートや図を多用してあり、理解しやすいように工夫されています。

自分でわざわざ作り直さなくても、プロによるチェックが何重にも入っているわけです。

だったら、それを確認するのと自分の作ったノートを見直すのとどう違うのか……と疑問に思ってしまいます。

何より、私がノートを作らない最大の理由は「書いて」「覚える」というのがあまりにも非効率だと思うからです。

基本的なこととして、学習するときは「書く」→「音読」→「黙読」という順に時間がかかります。

つまり、黙読が一番早い学習方法で、書くというのはもっとも時間のかかる方法なのです。

ですから私が勉強する際は、まず本を黙読し、問題集の解答を読むときなどは声に出して音読するようにしています。

書いて勉強するというのはほとんどありません。つまり私の中で、紙に書くというのは最終手段なのです。さすがに黙読と音読では音読の方が頭に定着する気がしますが、「音読」と「書く」という作業で理解力に差があるかといったらそうは感じません。

その意味で、安易にノートにメモをしたり書き記したりというのはあまり賢い方法だとは思えないのです。たとえノートに書くとしても、まずは頭の中で重要かどうかというフィルターに通してからでしょう。

目の前の情報をただ受け入れるだけでは、勉強をしたことにはならないのです。

何が重要で、何が問題なのか。

勉強をするうえで大切なのはこの部分であり、そこを考え、理解するのが学習です。

つまり、「書いて覚える」というよりも、「読みながら考え、頭の中で理解する」ことが勉強の本質ではないでしょうか。

アウトプットしてはじめて理解が深まるというのは、理解せず、覚える中心の学習をしてしまっているからだと思います。

そのうえ、色違いのペンを使ったり、付箋やメモを貼り付けたり、きれいに図を入れたりとノートの作り方にも工夫があるようですが、私からすれば時間がもったいない。

「見た目に美しい方がいい」というのは、自己満足以外の何ものでもないと思うのです。

誰かに見せるために作っているのならまだわかりますが、そうではないでしょう。

過度にデザインや形式にこだわったりするというのはもはや趣味の域であり、本当にそれが勉強に必要なのかどうか考えてみるべきです。

学習の効率を高めることが目的なのであれば、こだわりは必要ありません。そのこだわりが非効率を生んでしまいます。

ノートを取ることが目的化されていませんか？

POINT

① 書くというのはもっとも時間がかかる勉強法。

② 書くときは、何のためのメモなのか考える。

③ 本当に必要なのか。単なる自己満足なのか。

④ 見直さないノートなら作る意味はない。

CHECK

- □ 条件反射的にノートを取っていないか
- □ 見返さないノートが溜まっていないか

32

HOW TO USE YOUR TIME

手帳には必要最低限のことしか書かない

本当に効率をよくしたいのなら、物事はとにかくシンプルに考えないといけないと思います。シンプルというのは、必要最低限ということです。余分なぜい肉をそぎ落とし、スリムにする。これは私が徹底していることの1つです。

そのため私はスケジュール管理もなるべく簡素に済ませます。

私の使っている手帳は、何てことはない普通の手帳です。それも、東京都弁護士共同組合から無料で配布される手帳。そもそも自分で買いに行くようなことはしません。

こだわりがないと言えばそれまでですが、私にとって手帳の優先順位は限りなく低い位置にあるからです。

というのも、スケジュール管理をするうえで、私に必要なのは「講演」と「打ち合わせ」と「法廷」くらい。また、誰に会うというときも、万が一手帳を落としたとき、クライアントに迷惑がかかってはいけないので、どこどこで何時から誰と会うなんて書き方はしません。

相手の名前をぐちゃぐちゃと自分にしかわからない文字で書きます。と、私の手帳に対するこだわりはこの程度です。しかし、これまで不自由したことはありません。

重要な打ち合せなら人の名前さえあればすっと出てきますし、雑務の処理は自分の範囲内なのでいちいち書き込む必要がないのです。

ところが世間を見回してみると、忙しいことが美徳なのか、スケジュールをすべて埋めきることに喜んだりする人がいるようです。

1日の予定を事細かに書き込めるノートを用意し、どんな些細な予定も書き込んでしまう。私はそれこそ、「脳の退化」につながってしまうのではないかと思います。

そもそも、忘れてしまうような些細な予定であれば入れなければいいのですし、いろいろと予定を詰め込んだ挙げ句に処理しきれなくなってしまうというのは、その人の能力オーバーという気もします。

上手に時間を使うには、それが本当に必要かどうか考えてからやってみることです。優先順位、言い換えれば物事の「重要度」を取り違えると、あらゆるところで「非効率」が生まれます。職業にもよると思いますが、いずれにせよ必要最低限の使い方を心がけてほしいと思います。

ちなみに、「予定が埋まっている方がカッコいいから」という方も中にはいるかもしれませんが、たしかにファッション性というのもあるかもしれません。

その重要度が高いのなら、どんどんやっていただいてもまったく問題ないと思います。ただ、あくまで勉強をしようとしている人にとって、手帳にごちゃごちゃと書き込むのは非効率ですし、あまり意味がないと思うのでおすすめはしません。

POINT

① 手帳の本来的な役割を考えれば、余計なことを書き込む必要はない。

② 自分に合った必要最低限の使い方を追求し、シンプルを徹底する。

CHECK

- ☐ 見栄を張った予定を入れていないか
- ☐ 書き込まなくてもいいことを書き込んでいないか

33

HOW TO USE YOUR TIME

メモしたことを忘れるようなメモならつけるな

打ち合わせのときなど、私はほとんどメモをしません。

適当な裏紙を持っていって、ポイントとなるキーワードなんかを1つ2つ書くくらいです。そんな調子なので、付箋をバーッとパソコンの周りにつけたり、あるいはノートに貼り付けたり、ケータイに打ち込んだり、そんな人を見ると、「ああご苦労様だなぁ」なんて私は思ってしまいます。メモが習慣になっている人にありがちなのは、「メモをすることで満足をしてしまっている」という状態です。

偉人の名言、業務上の注意やノウハウ、気になったものなどを付箋につらつらと書き、パソコンの周りやデスクの上にペタペタと貼る。

その状況にうっとりしてしまっている……ということはないでしょうか？

「別にメモくらい……」と思われるかもしれません。

ですが、何でもかんでもメモするというのは、実は情報の感度を下げてしまっているかもしれないのです。メモの数が多いというのは情報感度が高そうに見えますが、結局メモするといっても内容のほとんどは誰かが言ったことや書いたことの丸写しだと思います。

本当に重要かどうか考えず、メモし続けていく。

するとだんだんと情報の質に強弱をつけるのが下手になってしまい、身の回りはメモであふれかえり、本当に重要な情報が埋もれてしまう……。

こういう負のサイクルにはまってはいないでしょうか。

私がメモの数を少なくするのには、そういう点もあります。

1日に10個も20個もメモをしているような人は、とりあえずメモの数を1日3つにしてみましょう。

大幅な時間の節約になりますし、生活に何の支障もないでしょう。何より、自分にとって必要な情報を判断する練習にもなります。

メリハリのないメモや付箋に意味なんてない！

POINT

① 自分で考えない「受動的メモ」をやめる。

② 1日のメモは最大3つまでにし、本当に必要なことだけ残す。

③ 過剰なメモは情報感度を落とす。

CHECK

- ☐ 見てもいまいちピンとこない格言メモはないか
- ☐ 読んでみて意味不明なメモはないか
- ☐ 何にでも感動、感心していないか

34

HOW TO USE YOUR TIME

中途半端なワークライフバランスはやめてしまえ

ワークライフバランスという言葉が一般的になりました。「仕事と生活の調和」という意味の言葉です。こんな言葉が生まれた背景には、労働時間の割に低い生産性、ワーカホリック、少子化防止など、いろいろと要因があるようです。

この概念自体、否定はしません。

ワークライフバランスをテーマに取り上げた本や雑誌を見てみると、よく欧米の事例が紹介されています。

そこでは、彼らは家族を大事にしていて、たとえば長期休暇を取るときには仕事をすべて片付け、何かがあったときのための引き継ぎを完璧にし、家族サービスに全力を充てるというような説明がありました。こう聞くとなんだか理想的だと思うのはわかります。

しかし、厄介なのはこの理想に憧れ、単なるものまねをしてしまうことです。「こんなのいいなぁ」とか「あんなふうにできればなぁ」とか、それぞれ思うのは自由なのですが、中途半端に取り入れても意味がありません。むしろ逆効果です。

たとえば企業によっては「毎週水曜はノー残業デー」と決めているところもあるようです。

ただし、実情としてノー残業デーが機能しているかどうかは疑問がわくところで、水曜早く帰る分そのしわよせが前後の日に出てきて、余計疲れる。そのため、早く帰った水曜も結局ご飯を食べて寝て終わる……と、こんな話もあるといいます。

日本の会社の多くでは、個の力というよりもチームワークが重視されます。

そのため業務は分業になりがちで、引き継ぎしようにも煩雑で手間。だったら自分でやっちゃえばいいや。と、そんな構造ができあがってしまうという事情もあります。

そういう前提や現実的な部分を無視して、形だけまねしたってうまくいかないのはあたりまえなのです。

これはワークライフバランスに限ったことではありません。世間の流行や理想像に流される前に、きちんと立ち止まって考えてほしいと思います。

たとえば最近では「フリー（無料化）」を使った広報活動や、「X（旧Twitter）」を使ったマーケティング、かつてはブログなどなど……時代によっていろいろと流行り廃りはあります。

ですが、流れが来ているから無料化すればいいとか、Xを使おうとか、ブログで自分のキャラをアピールしようとか、それで本当に効果が出るのでしょうか。

企業にしろ個人にしろ、「流行ってるからとりあえずやってみた」という姿勢が多すぎる気がします。

きちんとした方向性や戦略を打ち出しもせず、ただやり方を模倣しても意味がないのです。中途半端に時間を使う、中途半端に足を突っ込む、何事もこれ以上非効率なことなどありません。

得るものは半減、かかる時間は倍。これでは効率は悪くなってしまうばかりです。

POINT

① 理想や流行を追い求めず、半端なことはしない。

② 現実に即していないことはやめ、現状をどう効率化できるか考える。

③ 足下を見ずに効果効率は得られない。

CHECK

- ☐ リタイア後のハワイ暮らしに憧れていないか
- ☐ 流行に乗ることが目的になっていないか

35

HOW TO USE YOUR TIME

ストレス発散でストレスフリーは訪れない

ストレスを発散しよう。これも、一種の都市伝説ではないかと私は思っています。

ストレスが溜まるとは、仕事上のトラブルや人間関係などで疲れて、何となくモチベーションが上がらない、ということでしょうか。

私はそういうとき、カラオケに行ったり、ドカ食いしたり、そんなことは絶対にしません。それにはあまり意味がありません。というか、やはりムダだと思うのです。

ストレスを発散する行為は、そうすることによって問題から目を背け、「現実逃避」している状態です。ストレスのもとは食べれば解消されるのでしょうか、飲んでくだをまいていれば収まるのでしょうか。そんなことはないと思います。

他にもいろいろとストレスを和らげる方法のようなものを見たことがありますが、いずれにせよ、ストレスがそれでどこかへ行ってしまうことはないでしょう。

つまり、まったく問題は解消されず、残ったまま。

そりの合わない上司がいる人は、明日も「嫌だなぁ」と思いながら会社に行き、帰りに同僚と飲んで愚痴を言って、ストレスを解消した気になっているわけです。

それで、そんなことを続けているうちにぶくぶく太ってしまう。

これでは時間とお金がもったいないと思いませんか。

問題が解決されないかぎり、仕事で結果を出してやろうという気は失せ、いかに今日という日を潰すか、家に帰ってストレスを発散するか、ということに気がいってしまいます。

ストレスが溜まってるなぁと思うのなら、原因を取り除く努力をまずしないといけません。

上司のやり方が気に入らないのなら、それを直接言うべきです。もしかしたら、上司には上司なりの考えがあるのかもしれません。

先輩、同僚でも同じです。

話してみたら意外といいやつとか、あるいは自分の方にも非があって、お互いの誤解があったということもあるでしょう。

クライアントが怒っているのならとにかく謝り、誠意を見せることです。

勉強で成果が出ないのなら、なぜ成果が出ないのかを考え、やり方を見直してみます。

といったように、問題が過ぎ去り、風化するのを待つのではなく、自分から動くこともしなければなりません。

いろいろと手をつくし、それでもダメならやめればいいのです。それは仕方ないでしょう。やるだけやってダメ、それなら損切りし、次の可能性を見つけることに力を注ぎましょう。

繰り返しますが、最悪なのは「ああ嫌だ嫌だ」と言いながら無気力に働き、自分の大切な時間、お金、やる気をどんどん失ってしまうことです。

憂さ晴らしではなく、ストレスのもとを除去する努力を尽くしてみてください。

Lesson Of The Episode

POINT

1. ストレス解消と称して現実逃避するのはやめる。

2. 中でも食べる、飲むは最悪。

3. 時間、お金を浪費し、さらに肥満の原因になる。

4. 下手なストレス解消はコストにしかならない。

CHECK

- ☐ お酒、甘いものを家に常備していないか
- ☐ ストレス解消を遊ぶ口実にしていないか
- ☐ 人と話し合うことを避けていないか

36

HOW TO USE YOUR TIME

整理をしなくても効率は高まる

私はまったくと言っていいほど整理をしません。

こんなこと胸を張って言いたくはありませんが、私のオフィスの机を見せてあげたいくらいで、書類や本など、どこに何があるのかわからないような状態です。

ですが、私はそれを片付けたりはしません。その時間がもったいないですし、片付けたところでまた同じような状態になるのは目に見えているからです。

これはもう染み付いた性分のようなもので、どうにもならないのです。

「またケチをつけはじめたな……」と思っていただいて結構なのですが、何が言いたいかというと、「整理術」とは何だという話です。

身の回りのものを整理すれば頭の中も整理されるというのは本当なのでしょうか。机を片付けたからといって今以上に効率がよくなるということはないでしょうし、片付けないからといって効率が悪くなるということもありません。

私の中で、整理と効率はどうも結びつかないのです。

これも脳科学と同じで、「そんな気がする」ものの1つなのではないでしょうか。

整理整頓が趣味というのならまったく問題ないのですが、効率をよくするために整理をするなんていうのは、目的に対しての手段が間違っている気がします。

つまり、効率の悪い人は片付けられないから効率が悪いのではなく、仕事や勉強に対するやり方、考え方が適切でないから効率が悪いのです。

結果の出せる人になりたければ、処理能力を上げることです。どれだけデスクが汚くても関係ありません。

やることをきっちりやっていれば「できないやつ」には見られないはずです。

世の中、まだまだそういうことであふれているような気がします。そうした一般論には注意してみてください。

整理力≠仕事力！

POINT

① 作業効率を机のせいにしない。

② ムダな労力を使うのはやめ、効率を上げ、結果で見返す方法を考える。

③ どれだけ片付けが下手でも、仕事ができる人はできる。逆もまたしかり。

CHECK

- □ 広告の雰囲気だけで買っている商品はないか
- □ 運動もせずにダイエット薬を買っていないか

37

HOW TO USE YOUR TIME

情報収集の罠から抜け出せ

お伝えしたように、私はこれまで予備校にほとんど通っていませんし、おすすめ自体していません。情報が少ないというのは決して悪いことではないのです。というか、情報が多いことでの弊害はそれ以上だと思っています。

予備校では受講生同士が「情報交換」と称してさまざまな噂や方法論を流し合っていますが、情報交換とはアルコールや麻薬、贅沢のようなものです。「どの講師がいい」「どういうテキストがいい」「こういう問題が出るらしい」

こうした情報は魅力的に映るのでしょう。だからこそ、中毒性があり、「もっといい情報はないか」と探し回るようになってしまうのです。

しかし、こうした情報は本質的ではありません。

つまり、それを知ったからといって試験に受かるかどうかわからないということです。試験に受かりたければ、合格した人のことを知るべきです。自分と同じステージにいる受講生の話ではなく、本などからその道のプロの考え方を吸収した方がはるかに意味があると思います。

なおさら今は、インターネットを介して多くの情報が集まるようになりました。

情報量が増えるというのはそれだけ玉石混淆ということにもなります。中には有益な情報もあるのでしょうが、誰がどういう意図で発信したかわからないものはそれ以上の割合で存在しているはずです。

「当たり」の情報にたどり着くまでの時間が必要ですし、「当たり」といっても、結局自分にとって都合のいい情報をピックアップしがちです。

個人の自由なので絶対にやめろとは言いませんが、どの情報を信じればいいのか迷うようであればいっそ情報を遮断してしまうという選択肢もあるのではないでしょうか。

少なくとも、情報中毒になるよりはいいと思います。

あなたの都合のいい情報ばかりを取り入れてませんか？

POINT

① ネットで有益な情報を得るのには、経験値と時間が必要。

② 情報中毒にならないよう、自分に必要なことは自分で判断する。

③ 迷うくらいなら見ない。

CHECK

- □ 日常生活でネットに浸かっていないか
- □ 気になったことは何でも検索していないか
- □ 暇があればXでつぶやいていないか

38

HOW TO USE YOUR TIME

暗記やアウトプットには頼るな

ノートを作ることが勉強だ、というのは必ずしも正しいことだとは限らないということを説明しました。

そもそも「書かないと勉強にならない」ということはなく、黙読でも音読でも勉強することは可能なのです。「ノートを作らないと勉強じゃない」という認識の人が多いというのは、日本人が暗記型の学習が好きということなのかもしれません。

しかし私の経験として、暗記というのはまったくよくない勉強法です。

たとえばかつての司法試験というのは「短答式試験（択一試験）」「論文式試験」「口答試験」という順に実施されていたのですが、実は六法全書の持込が可能でした。

新司法試験では持込禁止になりましたが、代わりに会場に用意された六法全書を閲覧することができます。

そのため、私は六法の端から端までを覚えようなどという勉強法は一切しませんでした。

なぜなら、試験で問われるのは条文の内容を暗記しているかどうかではなく、ある法律をどのように解釈できているかということなのです。

ところが、その本質を考慮せずに試験に臨もうとする人は、とにかく六法全書を暗記しようとします。そういう受験生は、往々にして合格までに時間がかかります。

六法というのは、憲法、商法、民法、民訴法、刑法、刑訴法という法令からなりますが、全部覚えようとしたら並々ならぬ労力が必要になるのです。

ですから私の場合、暗記ではなく「あの辺にはああいうことが書いてあるんだよなぁ」という程度で、中身を優先して理解するようにしました。

そして試験では細かいことを確認したいときにパラパラと開きます。

つまり、「この法律の言いたいことはどんなことなのか」ということに軸を置いたわけです。

これは論理思考という大そうなものではないと思います。

どんなことにも理屈や道理があるので、常にものの理屈や道理を考えるようにすれば、ある種の考え方のパターンが見えてきます。パターンは数学で言えば公式です。このパターンをいかにつかみ、そして解答に当てはめていくかが大切なのです。

逆にこの部分を怠って、情報を字面だけで受け取ってしまう、つまり丸暗記してしまうだけでは、やはり何をするにも時間がかかってしまいます。


最近、アウトプットしてはじめて理解が深まるという勉強の方法論もあるようですが、それはまさに日頃から暗記型の勉強をしてしまっている証拠だと思います。

わざわざ書いたり、人に話をしたりしなくても、頭できちんと理解していることは消えません。ブログなどのウェブツールを覚え書きにする方法もいいかと思いますが、それが自己満足だけで終わらないように注意してください。

あくまでも知識をつける勉強を念頭に置いたときの話ですが、アウトプットをしないと理解できない、深まらないというのは、かなりの時間のロスになってしまいます。

ガムシャラな暗記より、
論理性や背景、パターンをつかもう！

POINT

① 知識を深めるのは物事を理解しようとする姿勢。

② 暗記しなければいけないという幻想を捨てる。

③ 不必要なアウトプットを減らせば、効率は高まる。

CHECK

- ☐ 書評を書くために本を読んでいないか
- ☐ 丸暗記しないと落ち着かないということはないか
- ☐ 意味もわからずに使っている言葉はないか

Chapter 5

伸び悩みを解消する時間の使い方

39

HOW TO USE YOUR TIME

役割と位置づけ、原因と結果を考えろ

暗記やアウトプットに頼っている人は効率が悪くなってしまうという話をしました。効率を上げるには、物事を覚えるのではなく、理解しようというスタンスで臨まないといけません。

では具体的に、どのようにすれば物事を理解することができるのでしょうか。

どんな専門分野でも、その世界独特の単語や用語の理解は不可欠です。その際は、基本的な用語を字面で覚えるのではなく、その役割や位置づけを考えることです。

たとえばＧＤＰという言葉をはじめて見たとき。

国内総生産、Gross Domestic Product、一定期間内に国内で生み出された付加価値の総額……。などとつぶやいたところで理解することはできません。そもそも、付加価値とは何だという話になってきます。

ですからまずは端的に、GDPが何のためにあるのかを考えるのです。すると、「日本が商売で儲けたお金を全部足した数値で、これを算出すると日本経済の規模や動向が把握できる」ということがわかります。

この主目的をおさえておけば、名目GDPと実質GDPの違い、金額、過去の金額、他国の状況といった周辺情報もおさえやすくなるのです。

逆に用語の意味や位置づけを考えていないと、「何だか難しい言葉だ」というイメージだけが先行し、丸暗記せざるを得ない状況になってしまうのです。

また、もう1つ重要なのは順序立てて考えるということです。

たとえば勉強法の1つに、テキストを読んで重要な箇所にマーカーを引くというものがあります。私もこのやり方を推奨していますが、順序立てて考えず、理解しないままに読み進めている人は、マーカーをたくさん引いてしまいがちです。

あるとき、テキストの全面が緑のマーカーだらけという人に出会ったときには愕然としました。

つまり、何がなんだかわからないまま読んでいるので、わからないことにはとりあえず線を引いてしまったという恐ろしい状況です。しかし、それではやはり意味がありませんね。たとえばこんな文章があったとしましょう。

「タウマタファカタンギハンガコアウアウオタマテアポカイフェヌアキタナタフ」という丘がニュージーランドにあり、高さは305メートル。「タマテアという大きい膝の、山を滑っては登るランドイーターとして知られた男が、愛する者のために笛を吹いた場所」という意味であり、世界でもっとも長い単語としてギネスブックに登録されている。地元では「タウマタ」と省略されている。(参考『Wikipedia』)

この文章の趣旨は「ニュージーランドにやたらと長い名前の丘〝タウマタ〟があって、世界一長い単語としてギネスブックに登録されている」という程度のもので十分です。大した文章ではありません。

ところが、「タウマタファカタンギハンガコアウアウオタマテアポカイフェヌアキタナタフ」という名前にだまされると、ここにマーカーを引いてしまったりするのです。

本来、マーカーなど数ページに1箇所で十分なのですが、物事の原因と結果を考えずに読み解くとそんなことになってしまいます。

あなた自身、「飲み込みが遅い」と思うのであれば、覚えることよりも理解することを意識してみてください。

「何のためにあるのか?」「どうしてこうなっているのか?」「この人はどういう意図でこういうことを言っているのか?」という疑問を持ってみるといいでしょう。


ちなみに、あくまでも遊びのようなものですが、必要があれば要約の練習をしてみるといいと思います。

ある用語を思い浮かべ、その意味を自分の言葉で要約します。単語は何でも結構です。「フランス革命」でも「公認会計士」でもいいので、100字くらいで要旨をまとめます。

そしたら、それを辞書で引いてみましょう。

ポイントをおさえた説明を考えたとき、辞書は非常に優秀なツールです。

フランス革命とは…

背景や意図、流れやつながりから物事の理解を深めよう！

POINT

① 物事のつながりや順序と、それが何のためにあるものなのかを考える。

② 英語、漢字、数字など「難しそう」というイメージに捕われない。

③ 暗記やアウトプットに頼らない。

CHECK

- ☐ IMF、MBA、FTAなどの単語にビビっていないか
- ☐ 必要ない場面でカタカナ語や専門用語を使っていないか
- ☐ 内容もわからないまま新聞を読んでいないか

40

HOW TO USE YOUR TIME

本質を見抜け

本質というキーワードを、ここまでの説明で何度か出しています。

これは前述の「テキストがマーカーだらけ」とか、「想像力がない」とか「脳科学に頼ってしまう」とか、本書で述べてきたあらゆることにつながってくる話なのですが、効率や結果を求めるには本質を見抜く訓練が必要だと思います。

では、本質とはいったい何なのでしょうか。

どうすれば本質を見抜けるようになるのでしょうか。

私が講演活動などで「資格試験のスタートは過去問を見ることからはじめてください」と言うと、「そんなの難しくてビギナーの私にはできませんよ」という方がよくいます。

ですがそれはあたりまえの話で、そんな簡単に解けるものだったら勉強する必要はありません。勉強のはじめに過去問を見るのは、問題を解くためではありません。

テストのレベルを読み解くためなのです。

「なるほど、こういうことがわかるようになったら合格ラインなんだなぁ」ということをおぼろげにでも認識することが大切になります。

また、問題形式のチェックも欠かせません。

選択問題か論述形式なのか、またそれぞれどういう聞き方をしているのか、どういった答え方が求められるのか、そのあたりの傾向も確認できます。

そして、知らないものはどうせ考えたところでわからないのですから、解答と照らし合わせながらパターンを見る。この一連の作業で、その試験のベースがわかるのです。

そして、まったく出口の見えない状況から目標がぼんやりとでも認識できる状態になり、そのために何をしていくべきかやり方とやることを絞ることができます。

この「ベースを確認する」という作業はなによりも必要不可欠なものです。

そしてそのベースこそが、物事の本質です。

本質を見ないというのは、言い換えればゴールとそのための手段を考えない。「何となく」、または「もやっ」とした状態で物事をスタートさせてしまっているから、時間がかかり、効率が悪くなってしまうのです。


もちろん勉強だけの話ではありません。

たとえば「お前は何を言いたいんだかわからないよ」と言われる人は、ゴールがないうちに話をしたり、あるいはゴールに到達するためのロジックを考えないで話しているから、自分でも「あれ、何が言いたいんだっけ」という状態に陥ってしまうわけです。

そういう傾向があるなぁと思う方は、意識して見切り発車をしないようにしましょう。

きちんと想像力とロジックを働かせて物事に取りかかるようにしてください。

これは後天的なトレーニングでどうとでもなることですので、とにかく物事のコアな部分を意識することです。

本質を見抜き、世の中の一般常識や世迷い言に惑わされないようになりましょう。

POINT

① 本質を見抜くとは、ゴールとそのための手段、筋道を事前に考えておくこと。

② 「もやっ」とした状態ではじめない。

③ 本質に従い、素直に頭と体を動かす。

CHECK

- □ プレゼンのときなど、言い忘れを後悔していないか
- □ オチのない、ムダに長い話をしていないか

41

HOW TO USE YOUR TIME

一喜一憂するな

人生でもっとも警戒しなくてはならないのは、物事がうまくいったあとです。物事がうまくいくと、多くの人は喜び、そこに成功パターンを見出します。悪くいえば、調子に乗りやすくなるわけです。

仕事の例がわかりやすいと思いますが、たとえばある人の主導で進めたプロジェクトが10億円の売上を叩き出したとします。社長賞までもらう大手柄で、本人は大喜びです。

しかし、そのすべてを自分の実力、努力の結果だと過信してしまったときに大きなしっぺ返しが来ます。その成功は「たまたま」だったかもしれません。

多くの成功は偶然が偶然を呼んでいるものだということが少なくありません。

にもかかわらず、結果を出したことで自信を持ち、少々わがままに振る舞ってしまったことで上司や同僚に疎まれ、足を引っ張られるといったこともよく聞きます。成功のあとは過信をしやすいものなのです。また同じように、失敗をしたときにくよくよするのもよくありません。自分のやったことを後悔し、引きずって、それをストレスだ何だと言って、食べる、飲むに走るのは最悪なパターンです。以上のようなこともあり、一喜一憂というのはいいことではありません。

たとえば、たいがいの試験には模擬試験があります。

本来、模擬試験で大切なのは試験の内容や会場の雰囲気、解答の時間配分に慣れることです。ところが、一喜一憂する人は模擬試験の結果ばかりを見てしまいます。試験の当落ではなく、取るに足らない試験結果に心を動かしてしまう。

大事なのは最終目標なのですが、心がけて意識していないと、ついそのことを忘れてしまうのです。すると、本来必要のなかった、思わぬ遠回りを強いられるかもしれません。決してそうならないよう、小さな自尊心に左右されない大きな心構えでいたいものです。

いちいち、天国と地獄を味わってる時間はムダ！

POINT

① 後悔が目標に必要なことなのか考える。

② 自分を大きく見せたり、小さなことにこだわったりするのはやめる。

③ ケチなプライドは伸び悩みの大きな原因。

CHECK

- □ ついつい自慢話や苦労話をしていないか
- □ 知ったかぶっていることはないか
- □ どうでもいいことに負けず嫌いを発揮していないか

42

HOW TO USE YOUR TIME

1度決めたらブレるな

私は飲み会にはほとんど行きません。年に数回あればいい、それくらいのものです。もちろん20代の頃は飲みに行ったりもしましたが、資格勉強をはじめたあたりからは、まったくといっていいほど行かなくなりました。

その理由は、その必要性を感じなくなったことと、時間とお金のムダだと思ったからです。

私は、人間関係は仕事のやり方や、その結果で作れるものだと信じていますので、お酒を飲んで仲を深めようというようなことを考えたことはありません。

いろいろな状況もあるでしょうからこの考え方を強要するわけではないのですが、何を言いたいかというと、本当に目標達成したければ割り切ってしまうことも必要だということです。

「目標を達成するまで飲みには行かない」

「恋人や友人とは会わない」

「休日もすべて勉強に充てる」

といったように、少しくらい極端に割り切った方が結果はついてくるでしょう。それこそ、欲と危機感を持って仕事や勉強にあたることができるからです。


逆に、割り切れない、ブレてしまう人は集中力を欠くので、どうしても時間がかかります。


そもそも目標は短期間で設定しないといけないという話をしたように、目標達成に取り組む時間はそんなに長いものではありません。

司法試験のような難関と呼ばれる資格を取得することを考えても、最長2年です。のちのちのことを考えた場合、その2年間でいかに集中し、本気で取り組んだかで人生が大きく変わる可能性があります。

ただ、司法試験の突破を目指す人は世の中の少数ですし、実質は数ヶ月もあれば達成できる目標がほとんどでしょう。

「たった数ヶ月」と見るか、「数ヶ月も」と見るかはわかりませんが、目標に対して集中力をぶつけるためには、これまでと同じ生活を維持しようとしてはいけません。

やはり、どこか（特に趣味などのプライベートの時間）を切り捨て、その部分を勉強などに費やすようにしなければ時間はなかなか作れません。

周りの理解が必要であるのなら、周りの理解をまず得るようにしなければならないでしょう。それができないような状況ならば、目標自体そもそも見直しが必要です。

いずれにしろ、何かを割り切り、少なくとも集中すると決めた期間はその筋を完全に通すようにしてください。

それくらいの覚悟と実行力がなければ、意識を変える、結果を出すというのは大変なことなのです。

POINT

① 目標達成したいのなら、割り切る。

② これまで結果を出せていない人が、意識や習慣も変えずに結果を出そうというのは無理。

③ 自分と約束をし、意地でも守る。

CHECK

- □ 今日くらい……を連発していないか
- □「楽」や「好き」を求めていないか
- □ ポリシーがコロコロ変わっていないか

43

HOW TO USE YOUR TIME

徹底的に準備をしろ

ここまで、読者の方は私がまるでスーパーマンのような印象を持たれたかもしれませんが、実際は全然そんなことありません。当然のように私も数々の失敗をしています。過去の例では、08年に「公認不正検査士（ＣＦＥ）」という資格を受験したのですが、これには失敗しました。理由は単純で、準備不足だったからです。

「公認不正検査士（ＣＦＥ）」とはアメリカの資格で、これを取得すると「企業内の不正を発見したり防止したりする特別なスキルがあります」と認められる資格です。

なぜこの資格かというと、当時クライアントから「社内の不正を調査してほしい」と頼まれることが多かったからで、それなら勉強がてら受験してみようと思ったのでした。

ただ、そう思い立ったのは3月。試験本番は4月なので、期間はわずか1ヶ月でした。

とにかく時間がない中、私が決めたのは「やらないこと」でした。

というのも、試験科目は「財務取引と不正スキーム」「不正の法的要素」「不正調査」「犯罪学と倫理」の4つ。1科目につき94点以上取れれば合格です。

そこで、法律の専門家という自負があった私は、このうち「不正の法的要素」については一切勉強せず、残りの3科目の勉強に集中しました。そして、勉強法は当然過去問題集。といっても、この資格については公式な過去問題集がなかったので、「試験対策問題集」というのに取り組みました。その結果はどうだったか。

他の科目は何とか合格点に達したのですが、勉強しなかった「不正の法的要素」があと2点及びませんでした。不合格です。

己への過信があったのでしょう。自分の得意分野に足元をすくわれた形になってしまいました。もしかしたら「不正の法的要素」について他の科目の100分の1でも力を注いでいれば合格できた可能性はあります。しかし、不合格は不合格です。

勉強、特に資格試験において「惜しいところまでいった」という事実に意味はありません。

結果として資格を取得しなければ、そこまでかけた時間とお金は水の泡。

惜しいところまでいったのならなおのこと。「もう一度挑戦する」には、時間、お金、労力の追加的なコストが必要になってしまいます。

また、準備不足というのはメンタル面にも大きな影響を与えます。たとえば試験本番の直前までテキストや参考書を読んでいるというのはその典型でしょう。

本来、徹底的に準備をしておけば焦る必要などどこにもないはずなのです。

「徹底的に準備はしてきたつもりだけど自信がない」というのはありえません。本番当日に、「これなら大丈夫だろう」という状態になっていないのであれば、そもそもそこまでの準備の仕方が間違っていたということなのです。

かくいう私もこの試験に関しては自信がありませんでした。

ベストを尽くしたつもりでしたが、あくまでも「つもり」だったということでしょう。

仕事でも、勉強でも、スポーツでも、必要不可欠なのは準備です。本番で練習以上の力が出せるはずなどありません。この教訓を受け、私は心を引き締め直しました。

POINT

① 準備不足に言い訳は一切通用しない。

② 「これでダメなら仕方ない」というレベルまで準備する。

③ 未練を残さない。

CHECK

- □ 準備不足で焦っていることはないか
- □ あきらめ半分で取り組んでいることはないか

44

HOW TO USE YOUR TIME

「失敗帳」を作る

ノートをつけない、メモをつけない、スケジュール管理には凝らない。じゃあ、私は何も書いたりしないのかというと、まったくそんなことはありません。

私が唯一、これだけは紙に書いたりパソコンや携帯に入力したりするべきだと思うのは、失敗です。小さな失敗をしてもくよくよするなと言いましたが、くよくよするのはせいぜい数日のものです。1週間も経てば忘れてしまうでしょう。

失敗したことを後悔する時間はそれほど短いものなのです。「穴があったら入りたい」というようなミスをしても、案外ケロッと立ち直れてしまいます。

では、何が一番の問題かというと、犯したミスをまた繰り返すということです。

失敗した時点では「もう同じミスは繰り返さない」と思っていても、気持ちは続きません。どうしてもその気持ちを忘れてしまいます。つまり、失敗を後悔する「気持ち」を持っているだけでは、同じミスをまた繰り返す可能性が高いのです。

「一喜一憂するな」と言ったのにはこうした理由もあります。

ですから、失敗の根本を絶つには自分の失敗と、それに対する改善策を盛り込んだ「失敗帳」を作ってみることです。

私の場合は株のトレードに関することが多いのですが、手帳のスペースに書き込み、ちょっとした移動中などに眺めます。何度でも何度でも復習し、刷り込みます。徹底して、「次からはこうしよう」ということを頭に焼きつけるわけです。

これだけは常に目に触れさせた方がいいので、オフィスの机に貼ってみてもいいでしょうし、部屋の壁に貼り付けてもいいでしょう。

とにかく失敗をなくすというのは、それほど真剣に自分の失敗と向き合う必要があるということなのです。

きれいなノートを作るよりも、人生にとってよほど意味があるのは失敗帳だと思います。

忘れてはいけない…

失敗を忘れないために、メモっておこう！

POINT

1. 自分の失敗を記録する。

2. 失敗への後悔は長く続かない。

3. 自分の失敗を記録し、いつでも振り返る。

CHECK

- □ 失敗の原因を放置していないか
- □ 自分の過去の体験や失敗にフタをしていないか
- □ 同じケアレスミスで怒られていないか

45

HOW TO USE YOUR TIME

その日に反省しろ

仕事ができるとか、勉強ができるとか、そういう人の最大の共通点は、「何でもすぐにやってしまうこと」だと思います。

これは個人だけの話ではなく、企業やその企業の経営者だって同じことです。

スピードが求められる社会では変化や周りの圧力などに対して、いかに迅速に動けるかということが必要なのです。そういうところに鈍感になっていると、いつの間にか周りに置いていかれ、気づいたときにはもう手遅れということになりかねません。

社会がスピードを求めているということは、その社会で生きる個々人にもスピードが求められているということです。

たとえば決断力のある経営者は、会社に自分の意思を反映させるために、従業員に対してもクオリティとスピードを求めるでしょう。

そんな中、たらたらとやることを後回しにしている人を会社がほしがるとは思えません。

ですから、日頃から「まぁ、あとでいいか」と頭が思う前に体を動かしてしまい、やらざるを得ない状況にしてしまうのがいいと思うのです。

今できることも、間をおいてしまうとどんどん「やらなくていい理由」を探してしまいます。

そして、「あとでやらなきゃ」という暗く重い気持ちに支配され、ギリギリまで遠ざけてしまう。その悪循環です。


前項、失敗を省みることがいかに大切かということを伝えましたが、ある失敗や間違いを犯してしまった場合には、即反省しなければなりません。

結局、失敗を振り返り、反省するスピードの遅い人は学びのスピードも遅いものです。

改善点を先延ばしにしているから日々の作業効率や勉強効率も改善されることがない

のだと思います。

逆に、何でもすぐやれている人は、自分の失敗を見直すのも早い人たちなのです。

孔子の言葉に、「過ちて改めざる是を過ちと謂う」というものがあります。

人は誰でも過ちを犯すもの。しかし、失敗を改めないこと、これこそが過ちだ。

と、そんな意味の言葉です。

この言葉にあるように、反省というのは自分の失敗を後悔することではありません。

どうやってその失敗を克服し、次に進むか考えるということが反省するという意味です。

つまり反省とは、問題解決をするということなのです。

遅刻してしまった。プレゼンがうまくできなかった。成績が悪かった。勉強をサボってしまった。問題を間違えた。飲みに行ってしまった。ルールを破ってしまった。

それらの失敗も、その日のうちに対策を立てて、翌日から実行する。

その結果、同じ失敗が二度となくなるわけです。

反省とはそのためにすることであり、だからこそ反省は早ければ早いに越したことはありません。

POINT

① へこむ暇があったら反省。

② 毎日反省を続ければ、効率はどんどん高まる。

③ 日々、反省と学びを繰り返す。

CHECK

- □ 後悔と反省を混同していないか
- □ 失敗のあと、悔しさや羞恥心に負けていないか

46

HOW TO USE YOUR TIME

誰のための勉強か

いくら好きなことでも、同じことをずっと続けていれば嫌になることもあります。だんだん飽きがくるものです。嫌いならばなおのこと。そんなときは、思い切ってまったく違う勉強をするというのも効率を高める1つの方法でしょう。

英語の勉強がわかりやすいと思いますが、たとえば長文読解に飽きたらリスニングをしたり文法問題や語彙の問題を解いてみたりと、同じ分野でも作業が違うはずです。集中できていない中、そのまま続けていてもあまりいいことはありません。

むしろ惰性的に勉強するだけになり、学習が理解優先ではなく、ただの暗記になってしまう可能性もあるでしょう。ところが、頭を使う部分を変えてしまうことで、「もう嫌だ」という気持ちに支配されなくなります。

他にも、集中できないなら場所を変えるという方法もあるでしょう。

私は家の中だとソファーに寝転がりながら本を読んだりテキストを読んだりしています。なぜかはわかりませんが、机に座ってやるよりもソファーでやる方が、頭が冴えるのです。家の中なら誰が見ているというわけでもありませんから、仮眠を取った方がいいと思うなら15分くらい寝てみてもいいでしょう。

とにかく、自分に合ったやり方を見つけてみてください。勉強することで得るものは、「勉強した」という充実感でも何でもなく、目標を達成するということだけなのです。

ところで、私がこの手法をおすすめするのは、ある程度勉強習慣が身についたという人限定です。勉強習慣がついていないうちからやることや場所をいちいち変えていたのでは、身につくものも身につきません。

まずは勉強するということに慣れ、「ちょっと惰性的になってきたかなぁ」と思ったとき、この手法を試してみることをおすすめします。

これから勉強をはじめるという人の場合、期間でいえば3ヶ月くらいは必要でしょう。

勉強するのに場所は関係ない！

POINT

① 本当に効率が上がるならスタイルは問わない。

② 伸び悩んできたときこそ、変化を取り入れる。

③ こだわりを捨て、やり方を変えてみる。

④ ダメなら元に戻せばいい。

CHECK

- □ 習慣やスタイルを変えることを恐れていないか
- □ 勉強したという充実感のために勉強をしていないか

47

HOW TO USE YOUR TIME

無知になれ、「センスがない」と思い込め

人が成長していくとき、必要なのは素直になるということです。

「ああ、なるほどね」とか「へぇ、そうなんだ」という気持ちを大切にすることで、未知のものに出会ったときも柔軟な姿勢で吸収していくことができます。また、「なるほど」という気持ちは同時に「自分はこのままではいけないな」という気持ちも刺激してくれます。

新しい知識に出会うと、人は自分がいかに無知であるかを知ることができます。

無知であるというのはなかなか恥ずかしいものです。

だからこそ、「もっといろいろ調べよう」「無知の状態から脱しよう」と思うことがで

きるのであり、次へのアクションにつながります。

当然ながら私も、もともと会計の分野にしても法律の分野にしても、完全な素人でした。ただ、そのことを自覚していると新しい知識を取り入れることが楽しくなります。


たとえば経済新聞が読めるようになってきたり、今まで常識だと思っていたことが法律を見ると実は全然違うということがわかったりする、それが楽しくて仕方ないのです。

ソクラテスの言葉に「無知の知」というものがありますが、自分が無知だと知っている人は、自分が賢いと思っている人の何倍も賢いと言います。

私もこの言葉にあやかり、新しい知識に出会い、自分の無知に気づき、さらに新しい知識に出会っていこうとする循環を「無知の知」と呼んでいます。

この無知の知のサイクルにはまれば、勉強も仕事もどんどん楽しくなり、のめり込むようになるでしょう。同時に、効率はどんどん高まっていきます。

自分が無知であると気づくには「自分は無知だ」「自分はセンスがない」と思い込むことです。あることを覚えるにしても、飲み込みの早い遅いというのはどうしても存在します。

飲み込みの早い人は俗に「要領がいい」とか「頭がいい」とか言われていますが、そういう人は自分にどういう能力が足りていないか、伸ばしたり補ったりするにはどうすればいいのかが何となくわかってしまうのです。

努力の必要性がわかっているので、自らどんどん勉強していく……と、こういう人には間違いなくセンスがあります。

でも彼らのほとんどは、「自分はセンスがある」なんてみじんも思っていないでしょう。思っていないからこそ、自分の足りないこと、やらなければいけないことを探すことができるのです。

反対に、最悪なのは「センスがある」「知識がある」なんて思っている場合です。それでは今以上発展のしようがないですし、努力もしない、思考停止になってしまいます。

「自分はセンスがない」と思っておくことは、そんな状態を回避するためのものでもあります。

「センスがない、だからもっと知らなければいけないことはいっぱいある」

こういう思考回路ができあがれば、今は要領が悪くても、確実に伸びていくはずです。

POINT

① 「知ってるから」が、人の成長を止める。

② 「無知だ」という思い込みが努力を促す。

③ 無知の知のサイクルで勉強を楽しむ。

CHECK

- □ 知識に出会う喜びを忘れていないか
- □ 人の話を受け入れる姿勢を忘れていないか
- □ 「やってやる」という意思を失っていないか

[著者略歴]
佐藤孝幸（さとう・たかゆき）

弁護士・米国公認会計士・公認内部監査人（CIA）・公認金融監査人（CFSA）・公認不正検査士（CFE）。早稲田大学政治経済学部を卒業後、外資系銀行に就職。職場における資格の強さを実感し、米国公認会計士資格の取得を目指す。働きながら勉強を開始し、わずか1年で米国公認会計士試験に合格した。その後、米国の大手会計事務所に就職し、渡米。帰国後を視野に入れて、米国在住のまま司法試験の受験勉強を開始。2年間の独学で、帰国後に一発合格、弁護士となる。現在、弁護士業務のかたわら、資格取得を目指す方の「資格勉強お悩み相談」を受け付けている。

佐藤経営法律事務所ホームページ
http://satoh-bizlaw.com

仕事と勉強を両立させる時間術

2023年12月1日　初版発行

著　者　佐藤孝幸

発行者　小早川幸一郎

発　行　株式会社クロスメディア・パブリッシング
〒151-0051 東京都渋谷区千駄ヶ谷4-20-3 東栄神宮外苑ビル
https://www.cm-publishing.co.jp
◎本の内容に関するお問い合わせ先：TEL（03）5413-3140／FAX（03）5413-3141

発　売　株式会社インプレス
〒101-0051 東京都千代田区神田神保町一丁目105番地
◎乱丁本・落丁本などのお問い合わせ先：FAX（03）6837-5023
service@impress.co.jp
※古書店で購入されたものについてはお取り替えできません

印刷・製本　中央精版印刷株式会社

© 2023Takayuki Sato, Printed in Japan　ISBN978-4-295-40900-7　C2034